열다섯에 배워 평생 써먹는
단단한 돈 공부

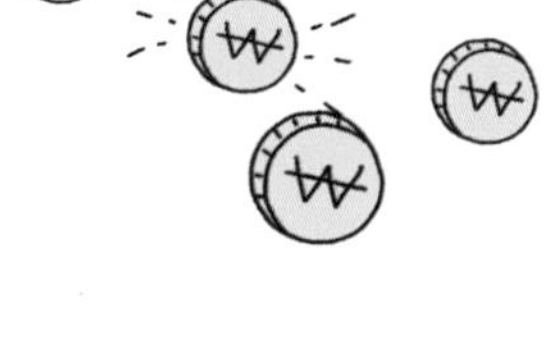

열다섯에 배워 평생 써먹는
단단한 돈 공부

Teacher-Gwon
권재원 지음

우리학교

차례

들어가며 ✦ 8

1 **돈 x 잘사는 부자** 10
잘사는 것과 잘 사는 것은 같을까, 다를까?

2 **돈 x 돈의 정체** 40
돈이 무어냐 물으신다면?

3 **돈 x 소득** 58
어떻게 해야 돈을 벌 수 있을까?

4 **돈 x 창업** 72
내가 사장이 된다면?

5 **돈 x 노동** 92
연봉을 많이 받으려면?

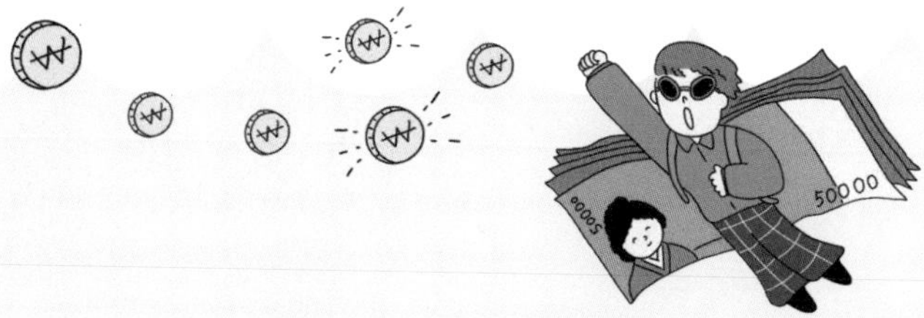

6 돈 x 자산 112
재산과 자산, 같은 거 아니야?

7 돈 x 투자 130
자산을 늘리는 방법이 궁금해

8 돈 x 부동산과 금융 자산 144
실물 자산과 금융 자산에 투자하기

9 돈 x 세계 경제 180
경제라는 큰 바다를 항해할 때 살펴야 할 지표들

10 돈 x 잘 사는 부자 206
잘사는 것만이 잘 사는 방법일까?

나가며 ✦ 216
같이 보면 좋은 책과 영화 ✦ 218
이미지 출처 ✦ 219

PROFILE

자칭 대한민국 3대 천재.
직업은 사회 교사.
취미는 팩폭.
겉차속따 ISTJ.

잘살고 싶은 사람, 잘 살고 싶은 사람,

내 인생에 돈이 많았으면

하는 사람,

아무것도 안 하지만

돈은 많았으면 하는 사람…….

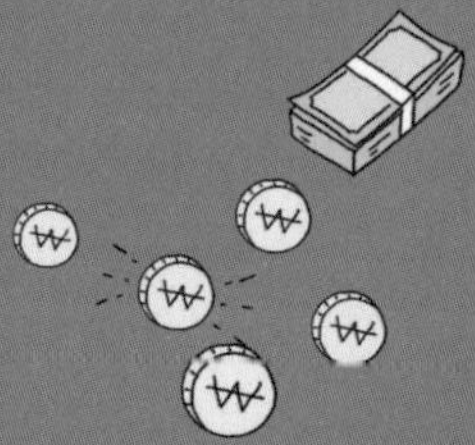

이 책은 돈과 경제,

자본주의,

잘 사는 삶을 이해하고 싶은

모든 사람을 위한 책입니다.

들어가며

어른들은 종종 이렇게 말하곤 합니다.

"그놈의 돈이 원수야."

정말 그런지도 모르겠습니다. 어른들이 이맛살을 찌푸리고 고민하는 이유가 대부분 돈 때문이니까요.

그런데 이상합니다. 어른들이 돈 때문에 이토록 괴로워하는 것은 반대로 어른들이 돈을 너무도 갖고 싶어 하기 때문이니까요. 만약 여러분이 용돈이나 세뱃돈이 너무 적다고, 어른들에게 협상이라도 하자고 말하면 틀림없이 "어린것이 돈이나 밝히고 못된 버릇이 들었다."라고 한 소리 들을 것입니다. 그런데 정작 어른들은 돈을 갖고 싶어 합니다. 무척이나요.

도대체 돈이 무엇일까요? 모두가 갖길 원하는 좋은 것일까요? 아니면, 밝히면 부끄럽고 야단맞을 마물인가요? 이럴 때 필요한 것이 바로 공부입니다. 공부는 누가 시켜서 하는 것이 아니라 풀어야 하는 문제가 있을 때, 어딘가 앞뒤가 맞지 않는 상황에 막혀 있을 때 무엇이 문제가 되고 무엇이 길을 막고 있는지 알아내기 위해 하는 것입니다. 그러니 여러분에게 돈에 대해 공부할 것을 제안합니다.

이 책은 돈 버는 방법을 배우는 책은 아닙니다. 다만 돈이 무엇인지, 돈과 관계된 노동과 저축, 투자 등 경제 활동에 관해 알아보고, 또 돈과 더불어 행복하게 살아가는 방법에 대해 생각해 보고, 경제 활동에 관해 그 답을 찾아보는 책입니다. 돈만으로는 행복한 삶을 살 수 없지만, 돈 없이 행복하게 살기도 어려운 현실입니다. 돈에 너무 빠지지 않으면서도, 돈을 혐오하지 않는 삶의 어디쯤에 행복이 있겠죠. 그래서 동양과 서양의 현자를 대표하는 공자와 아리스토텔레스도 모든 도덕의 종점은 중용이며, 중용에 이르는 출발점이 앎이라고 했나 봅니다.

이제 돈을 향한 앎의 길을 열어 봅시다.

2024년 여름 권재원

1 돈 X 잘사는 부자

잘사는 것과
잘 사는 것은 같을까,
다를까?

잘 산다는 게 뭘까?

돈을 올바르게 쓴다는 건
어떻게 쓰는 걸까?

가난한 사람이 남을 돕는
이유는 무엇일까?

기본적인 욕구 충족의
기준이 있을까?

왜 사람마다 만족의
크기가 다를까?

#생활_수준 #유향산 #가난함과_부유함 #재화와_서비스
#경제_활동 #경제인 #경제_윤리

열다섯, 경제인이 되다

열다섯은 알고 보면 중요한 나이입니다. 우리나라에서 만 15세가 되면 대부분이 중학교를 마치고 고등학교 진학을 앞두게 되지요. 그런데 알고 있나요? 중학교 과정을 마친 열다섯이라면 학교에 더 다닐지 말지를 스스로 선택할 수 있습니다. 물론 거의 모든 중학생이 자연스럽게 고등학교에 진학할 테지만, 사회는 여러분의 의사를 존중하기 위해 선택권을 마련해 놓았습니다. 열다섯부터 여러분에게 '어른 대접'을 해 주는 거죠.

어른 대접이라는 말에 어깨가 펴지는 기분도 들 겁니다. 어른이 되면 무엇이 달라질까요? 어른은 자기 삶에 책임을 져야 합니다. 즉 자기 삶에 필요한 '자원'을 스스로 얻을 수 있어야 하죠. 물론 열다섯은커녕 서른이 넘도록 스스로 자원을 마련하지 못하는 사람도 많습니다. 그러나 우리나라는 열다섯 살이 된 시민부터 '생산 가능 인구'로 분류하기 시작합니다. 즉 취업하여 노동할 수 있다는 뜻입니다. 우리나라는 구체적으로 15세에서 64세를 생산 가능 인구로 보고 있는데, 이는 전 세계적으로 비슷합니다. 부모나 법적 보호자의 동의서, 가족 관계 증명서를 제출하면 노동하고 임금을 받을 수 있습니다. 아르바이트를 할 수 있다는 말은 한 명의 경제적 주체로 받아들여진다는 의미입니다. 경제인이 되는 것입니다.

경제인이라니, 왠지 대기업 CEO나 금융, 마케팅 전문가 정도는 되어야 쓸 수 있는 말 같습니다. 실제로 '전국 경제인 연합회'라는 단체가 있는데 거기 회원들이 대체로 그런 사람들이죠. 하지만 작은 가게에서 알바만 할 수 있어도 이미 경제인입니다. 심지어 실업자도 경제인입니다. 돈을 벌지 않는데 어째서 경제인이냐고요? 지금 당장은 직업이 없지만 미래의 경제 활동을 위해 취업을 준비하는 구직 활동을 하고 있다면 경제 활동 인구로 분류되기 때문이죠.

경제라는 건 특별히 대단한 게 아니라, 스스로를 책임지며 살려고 노력하는 활동입니다. 경제 교과서처럼 표현하면 '제한된 자원을 활용해 최대한의 편익을 얻으려는 인간 활동'을 일컫는 말입니다. 그러나 알고 보면 주어진 조건 속에서 잘 살아 보려고 노력하는 모든 활동이 경제 활동입니다. 따라서 그런 활동을 하는 모든 사람이 경제인이죠. 스스로가 어떤 식으로든 잘 살아 보겠다고 마음먹었다면, 또 나름의 방식으로 잘 살아 보려고 노력하고 있다면 경제인이 될 자격이 충분합니다.

그래도 아직은 경제가 무엇인지 감이 잡히지 않을 것입니다. 설명이 충분하지 않은 거죠. 당연합니다. '잘 살아 보려는 활동'이라는 말부터가 너무 막연하고 모호하긴 합니다. 당장 두 가지 근본적인 질문이 떠오릅니다.

- 첫 번째는, 잘 산다는 것이 대체 무엇일까?
- 두 번째는, 잘 살아 보려는 노력이라면 무엇이든 경제 활동으로 볼 수 있을까?

바로 이 두 물음에 대한 대답이 이 책 전체의 주제라고도 할 수 있습니다. 지금부터 저와 같이 곰곰이 생각해 보기를 바랍니다. 여기서 잠깐! 우리나라 어문 규범은 '부유하게 살다'를 표현하는 맥락이라면 한 단어인 '잘살다'로 붙여 쓰고, 그 의미가 아니라면 '잘 살다'로 띄어 씁니다. 이때 '잘'은 '좋고 훌륭하게, 적절하고 알맞게, 옳고 바르게'의 뜻을 가진 부사입니다.

우리는 지금 '잘 사는 것'에 대한 이야기를 하고 있죠. 글로는 두 가지가 명확하게 구분되고 의미를 제대로 눈치챌 수 있습니다. 하지만 일상의 대화에서는 두 단어를 구별하기가 쉽지 않습니다. '못살다'와 '못 살다'도 마찬가지죠. 이 부분을 염두에 두고, 이제부터 돈과 경제에 관해 좀 더 깊이 있는 이야기를 시작해 보겠습니다.

잘살면 잘 사는 걸까?

학교에 K라는 학생과 P라는 학생이 있습니다. 다음은 친구들이 나누는 대화입니다. 대화를 읽고 괄호 안의 두 가지 말 중 어느 말이 맞을지 생각해 보기를 바랍니다.

친구1 : P야, K네 가 봤어? 어때?

친구2 : 끝내 줘. 집도 엄청나게 크고, TV도 컴퓨터도 다 최신이고, 비싼 간식도 많고.

친구1 : 와, K네 (잘사는, 잘 사는) 집인가 봐. 그런데 P야, 나 너희 집 가도 돼?

친구2 : 아니, 우리 집은 (못살아서, 못 살아서). 하하.

여러분은 이 대화가 이상하다고 생각하나요? 특별히 이상한 점을 발견하지 못했을 겁니다. 친구들 사이에 흔히 오가는 대화니까요. 다들 일상적으로 '잘산다/잘 산다', '못산다/못 산다'는 말을 이런 식으로 편하게 사용합니다. 여러분은 어느 단어에 표시하며 읽었나요?

K네 가족이 큰 집에 살고, 좋은 차를 타고 다니면 대부분은 자연스럽게 K네가 '잘 산다'라고 생각합니다. P네 가족이 작은 집에 살고, 걸친 옷이나 용돈 씀씀이도 검소하다면 P네는 '못 산다'라고 생각하고요. 이제 두 학생의 구체적인 정보를 한번 확인해 보겠습니다. 여러분이 직접 '잘 산다, 못 산다' 판단해 보기 바랍니다.

K 가족

구성원 : 아버지(대기업 간부), 어머니(대학 교수), 누나(교사), K.
연 소득: 대한민국 가구 평균 소득의 3배.
자산 규모: 40평 크기의 아파트 보유. 연 소득 3배 정도의 자산(예금, 주식, 채권 등) 보유. 수입 승용차 한 대와 SUV 한 대 보유.

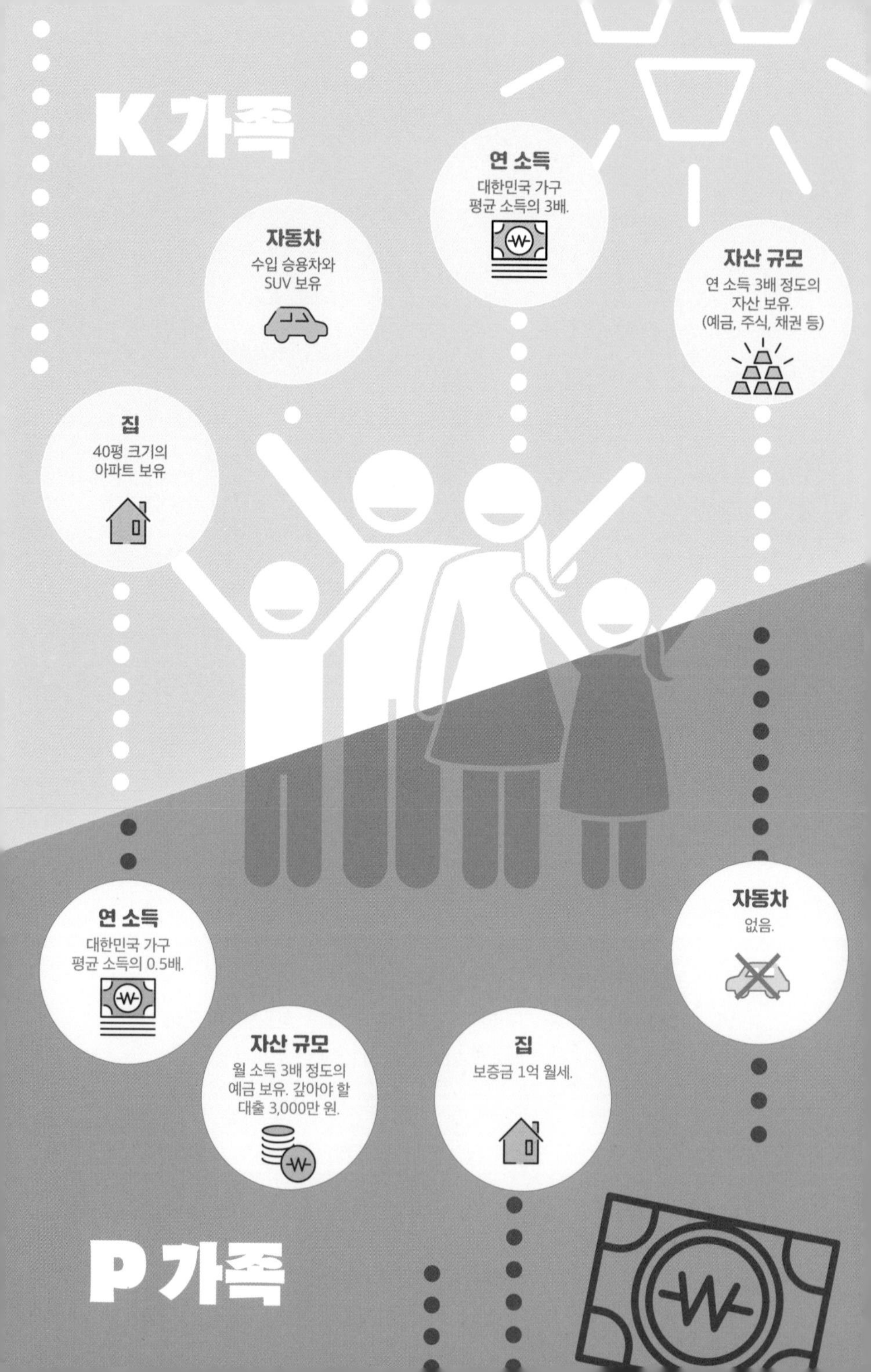
K 가족
연 소득
대한민국 가구
평균 소득의 3배.
자동차
수입 승용차와
SUV 보유
자산 규모
연 소득 3배 정도의
자산 보유.
(예금, 주식, 채권 등)
집
40평 크기의
아파트 보유
연 소득
대한민국 가구
평균 소득의 0.5배.
자동차
없음.
자산 규모
월 소득 3배 정도의
예금 보유. 갚아야 할
대출 3,000만 원.
집
보증금 1억 월세.
P 가족

P 가족

구성원 : 아버지(일용직 근로), 어머니(비정기적 일용직 근로), 형(취업 준비생), P.

연 소득: 대한민국 가구 평균 소득의 0.5배.

자산 규모: 월세 보증금 1억. 월 소득 3배 정도의 예금 보유. 대출 3,000만 원. 자가용 없음.

위에 제시된 정보로 확인할 수 있는 차이는 무엇일까요? 결국 돈이 많고 적다는 것뿐입니다. 이 정보만으로는 K 가족과 P 가족이 대화를 자주 나누는지, 함께 보내는 시간이 많은지, 서로를 아끼는지, 지식이나 교양 수준이 높은지 따위를 알 수 없습니다. 그런데도 대부분은 이 정보만으로 'K네는 잘 산다.', 'P네는 못 산다.'라고 판단하곤 합니다. 경제적 부유함이 잘 사는 삶의 판단 기준이 되면 안 된다고 비판할 수는 있지만, 이것이 현실입니다.

잘 살기 위해 필요한 돈

여러분 생각은 어떤가요, 이대로 괜찮을까요? 돈이 많고 여유가 있으면 잘 사는 삶이고 경제적으로 힘들면 못 사는 삶인가요? 혹자는 잘사는 부자를 성공한 삶이라고 하죠. 그러나 어딘가 석연치 않습니다. 아무리 다수가 그런 식으로 생각하더라도 선뜻 납득할 수 없습니다.

가령 K와 P네 재정 정보에는 언급되지 않았지만 K네 아버지가 엄청나게 고압적이고 권위적이라 집안 분위기가 숨도 쉬기 어려울 정도라면, 또 K네 어머니는 K의 학교 성적에 지나치게 간섭해서 K가 학업 스트레스로 몹시 괴로운 상황이라면. 만약 그렇다면 과연 이 가족을 잘 산다고 할 수 있을까요? 반대로 P 가족은 비록 가난하지만 서로를 아끼고 사랑하며 대화도 자주 나누고 서로의 의사를 존중한다면, P네가 오히려 잘 사는 집이 아닐까요?

여기서 잠시 영어 단어를 살펴보겠습니다. 영어에서 'rich'는 돈이 많고 부유하다는 의미입니다. 'poor'는 가난하다는 뜻이죠. 그런데 두 단어가 사용되는 맥락이 조금 다릅니다. 가령 'K는 잘산다.'를 'K is rich.'라고 옮겼다고 합시다. 이 말에는 오직 돈이 많다는 사실 외에 다른 어떤 정보도 들어 있지 않습니다. rich

에는 부자라는 뜻 외에 행복하게 산다거나, 교양 있고 수준 높은 생활을 한다는 의미는 담겨 있지 않습니다. 하지만 'P는 못산다.'를 영어로 'P is poor.'라고 옮기면 다른 뜻이 추가됩니다. 돈이 없다는 뜻뿐 아니라 불쌍하다, 비참하다는 의미도 포함되죠. 두 영어 단어의 이 같은 용례에는 돈이 많다고 해서 반드시 잘 사는 것은 아니지만 돈이 없다면 못 살 수도 있다는 생각이 스며 있습니다.

"돈이 많다고 해서 반드시 잘 산다고는 할 수 없지만, 돈이 없으면 반드시 못 산다." 고대 철학자들도 이와 비슷한 말을 자주 했습니다. 예를 들어, 사실상 서양 철학의 창시자라고 할 수 있는 아리스토텔레스는, 행복한 삶을 위해서는 어느 정도 외부적인 조건, 즉 재산과 가문이 필요하다고 말했습니다. 다만 행복은 이 외부적인 조건을 올바른 실천과 연결할 때 가능하다고 강조했지요. 즉 돈을 올바르게 잘 쓰는 것이 바로 '잘 사는 삶'이라고 말한 것입니다.

그렇다면 돈을 어떻게 써야 올바르게 잘 쓰는 것일까요? 아리스토텔레스는 인간의 삶이 세 가지로 이루어진다고 했습니다. 욕망을 충족하는 삶, 활동적인 삶, 관조적인 삶. 욕망을 충족하는 삶이란 생계를 유지하는 삶을 말합니다. 인간이라면 누구나 생계를 유지하기 위해 어떤 일이든 해야 하지만 여기에 필요 이상으로 매달리면 짐승이나 다름없다고 했죠.

활동적인 삶은 예술, 학문, 공동체 참여와 관련된 삶입니다. 그리고 관조적인 삶은 철학, 종교와 관련된 삶이지요. 활동적인 삶과 관조적인 삶은 신체적인 욕망을 충족하는 삶이 아니라, 덕을 실천하면서 얻는 기쁨이 목적인 삶입니다. 여기서 우리는 유추해 볼 수 있습니다. 활동적인 삶과 관조적인 삶, 즉 덕을 실천하는 것이 바로 인간적인 삶이며 진정한 행복에 이르는 길이라는 사실을요.

그렇다고 활동적인 삶과 관조적인 삶에 가진 돈을 몽땅 쓸 수는 없습니다. 덕을 실천하는 삶은 신체적인 욕망과 무관한 삶입니다. 여기에 모든 돈을 썼다가는 기본적인 생계유지가 어려울 거예요. 덕을 실천하는 삶을 살려면 일단 자신의 기본적인 생활을 충족시키고 남는 돈을 사용해야 합니다. 기본적인 생활을 충족하는 게 시급할 정도로 가난하고 경제적 여유가 없다면 덕을 실천하는 삶은 잠시 미뤄 둘 수밖에요.

중국 전국 시대의 사상가이자 유학의 정통으로 숭앙되며, 유학에서 공자 다음 가는 성인으로 불리는 맹자 역시 "생활이 안정되지 않으면 올바른 마음을 가지기 어렵다."라고 말했습니다. 따라서 인과 덕에 의한 왕도 정치를 이루고자 하는 군주는 무엇보다 먼저 백성의 생계를 안정시켜야 한다고 강조했지요. 이것을 간단히 한 문장으로 표현한 우리나라 속담이 떠오르는군요. "곳간에서 인심 난다."

이제 우리는 잘 사는 방법을 이렇게 정리할 수 있습니다.

- ✦ 우선 기본적인 생활이 가능한 수준의 돈을 벌어야 한다.
- ✦ 돈을 벌어서 기본적인 생활을 누리고도 남는 돈을 모아야 한다.
- ✦ 이렇게 모은 돈은 덕을 실천하는 데 사용해야 한다.

하지만 이것도 정답이라고 할 수는 없습니다. 우선 기본적인 생활이라는 게 어느 정도의 생활인지 애매합니다. 굶거나 얼어 죽지 않을 정도면 기본적인 생활을 누리는 걸까요? 겨우 생물학적 생존을 유지하는 수준이라면 사람보다는 짐승의 삶에 가깝겠죠. 사람이라면 어느 정도의 문화생활도 누리고, 교육도 받아야 합니다. 이것을 다 포함한 삶을 기본적인 생활이라고 봐야 합니다. 우선 기본적인 생활 여건을 갖춰 인간으로서 누려야 할 삶을 확보한 뒤에야 덕을 실천할 여력이 생기는 거죠.

그런데 '어느 정도'의 문화생활과 교육 수준은 사회가 발전할수록 기준이 점차 높아집니다. 또 대체로 욕망은 또 다른 욕망을 일으키기 때문에 기본적인 생활이 가능한 수준을 충족한다는 것도 생각보다 쉬운 일이 아닙니다. 가령 1980년대 대한민국에서 자동차는 사치재였습니다. 자가용이 있다는 건 부잣집의 상징이었죠. TV, 냉장고도 마찬가지였습니다. 그런데 10년 만에 승용차가 있는 집이 늘어났고, 지금은 자가용, TV, 냉장고를 사치재라고 생각하는 사람은 없습니다.

더구나 1990년대에는 고급 승용차의 기준이 현대자동차에서 나온 그랜저였습니다. 그런데 2000년대 이후에는 그랜저가 국민차라고 불릴 만큼 흔해졌지요. 그렇다고 자동차 가격이 저렴해졌냐 하면, 그건 아닙니다. 지금은 그랜저 한 대를 장만할 정도의 형편이 되어도 스스로 부자라고 생각하는 사람이 많지 않아진 것이죠. 그만큼 우리 사회의 경제적·문화적 생활 수준이 올라갔고, 기본적인 생활이라고 하는 기준을 충족시키고 만족시키기 더 어렵게 된 것입니다.

사실 아리스토텔레스가 말한 '어느 정도의 재산'과 맹자가 말한 **유항산**, 즉 안정된 생활이란 최소한의 의식주 걱정 없이 사는 생활 수준이었을 겁니다. 하지만 그로부터 2,000여 년이 지난 현재, 대한민국의 유항산 기준은 옛 성현들 시각에서는 귀족, 왕족 수준으로 높아 보이지 않을까요? 의식주 걱정 없는 삶은 물론이고, 때때로 고급 레스토랑에서 외식도 해야 하고 중형차 이상의 자동차도 한 대 있어야 하고, 자녀 학원비도 부담 없이 낼 수 있

가진 돈을 모두
털어 원하는
옷과 신발을 사고
컵라면으로 식사를
대신하며 만족감을
느낀다면 잘 사는
것일까?

고, 해마다 한 번쯤 외국으로 가족 여행을 다녀오는 정도가 유항산의 범위에 포함된 건 아닐까, 하는 생각이 듭니다. 이런 이유로 우리나라의 소득 수준이 선진국과 견줄 정도로 올라갔음에도 불구하고 자기가 잘산다고 생각하는 사람들은 많지 않은 게 현실입니다.

잘 사는 삶을 공식으로 만들면?

이런 것들을 다 누릴 수 있게 된 다음에야 남는 돈으로 비로소 덕을 실천하겠다고 하면, 어쩌면 모두가 평생 덕을 실천하는 삶과 담을 쌓고 살아야 할지도 모르겠습니다. 하지만 비록 남들이 보기에는 기본적인 생활 수준에 한참 못 미치게 살면서도 오히려 그 삶에 만족하며 덕을 실천하는 사람들도 있습니다. 여기 이야기를 하나 소개하겠습니다.

> 2016년 3월, 서울 영등포구 지하철 9호선 당산역 인근에 컨테이너로 만든 1평 남짓한 구둣방에서 일하던 58세 강상호 씨가 교통사고로 유명을 달리했다. 지역 주민들은 그를 '당산역 천사'라며 애도했다. 이 동네에서 나고 자란 강 씨는 10평

짜리 영구 임대 아파트에 살면서 자신보다 어려운 이웃을 돌보는 가난한 천사였다고 한다. 더구나 그는 어릴 적 뇌성마비를 앓아 왼팔과 왼 다리를 자유롭게 쓰지 못하는 지체 장애 1급의 장애인이었다. 그의 구둣방 한 달 수입은 30~40만 원. 기초 생활 수급비와 장애인 연금으로 매달 나오는 160만 원을 합쳐도 지적 장애를 앓는 아내와 아들(29)을 부양하기 빠듯했다. 그럼에도 장애인 아들과 단둘이 사는 이웃집 유 모 할머니(78)의 생계까지 도와주는 등 선행을 베풀었다. 그는 평소 "베풂은 꼭 돈이 많아야만 할 수 있는 게 아니다."라고 말했다고 한다.

이 사람에 대해 어떻게 말할 수 있을까요? 부를 기준으로 말한다면, 이 이야기의 주인공은 '못사는' 사람이라고 말할 수 있습니다. 실제로 기초 생활 수급비로 생활하기도 했지요. 하지만 이 사람은 스스로를 '잘 사는' 사람이라고 생각했을 것 같습니다. 부자라고 생각하지는 않았겠지만 적어도 가난하다고 생각하지는 않았을 것입니다. 그리고 이웃들 역시 그를 가난한 사람으로 기억하지 않을 거예요.

이 이야기는 '기본적인 생활'의 기준이 상대적이며, 각자 기준에 따라 잘 살고 못 살고가 달라질 수 있다는 걸 보여 줍니다. 기본적인 생활을 유지하는 데 필요한 돈에 대해 우리는 객관적인 기준을 마련해 두었습니다. 최저 임금이나 기초 생활 수급비를 정할 때 그 기준이 잣대가 되죠. 하지만 그 기준을 넘어가면 그 다음부터는 각자의 마음가짐에 따라 잘 사는 기준이 천차만별로 달라지게 됩니다.

가장 기본적인 욕구를 충족하기 위해 필요한 자원(혹은 그 자원을 획득하기 위한 돈)을 G라고 해 봅시다. 그리고 덕을 실천하기 위해 필요한 자원이나 돈을 V라고 합시다. 행복한 인생, 잘 사는 삶은 L이라고 하고요. 우리가 벌어들일 수 있는 자원 즉 돈의 총합은 M으로 둡니다. 그러면 다음과 같은 수식을 세워 볼 수 있습니다.

L=f(V)

잘 사는 삶 = 덕을 실천하는 데 필요한 돈

V=f(M-G)

덕을 실천하는 데 필요한 돈 =

우리가 버는 돈 - 기본적인 욕구 충족에 필요한 돈

앞으로 등장할 다양한 설명을 숫자와 기호로 표현하는 데 익

숙해지기를 바랍니다. 경제 이야기는 줄글로 쓰는 것보다 수식으로 표현하는 것이 훨씬 정확하게 전달되기 때문에 앞으로도 자주 만나게 될 테니까요.

수식으로 표현해 보았더니, V를 늘리는 방법은 두 가지임을 알 수 있습니다. 하나는 M을 늘리는 것, 한마디로 돈을 더 많이 버는 것입니다. 물론 쉬운 일이 아니죠. 다른 하나는 G를 줄이는 것, 한마디로 욕구 충족에 필요한 돈(자원)을 줄이는 것입니다. 사실 이것도 쉬운 일이 아닙니다. 인간에게는 반드시 충족시켜야 할 생물학적인 욕구가 있으니까요. 무작정 줄일 수만은 없으니 G를 줄이려면 욕구 충족에 필요한 자원을 줄여야 합니다. 이것을 '자원의 효율적 사용'이라고 합니다.

자, 여기서 그동안 우리가 경제 활동에 관해 자주 하는 오해를 깨닫게 됩니다. 바로 '돈을 더 많이 버는 활동'이라는 오해입니다. 정확히 말하면 경제란 욕구 충족의 효율성을 높이는 활동입니다. 아무리 돈을 많이 벌어도 버는 것보다 욕구가 더 커지면 아무 소용이 없습니다. 그런 점에서 무소유를 실천하는 선종 사상(수행으로 깨달음을 얻는 불교의 교리)이야말로 가장 수준 높은 경제 활동이라고 할 수 있습니다. G를 극도로 줄여 V를 최대로 늘리니까요.

만족의 합을 늘리는 경제 활동

수식을 다시 한번 봅시다. 아예 이걸 종이에 적어서 가까이 두고 날마다 보는 것도 괜찮은 방법입니다.

$$L=f(V) \quad V=f(M-G)$$

기본적인 욕구 충족을 위해 쓰고 남은 돈인 M-G를 늘리면 V가 늘어납니다. 하지만 M-G가 그대로라도 V가 늘어날 방법이 있습니다. f를 바꾸면 됩니다. f는 function 즉 역할, 기능이라는 뜻을 지닌 함수입니다. 우리가 만든 공식에서는 같은 자원을 가지고 더 많은 덕을 실천할 수 있는 다른 방법을 뜻한다고 이해하면 됩니다. 같은 자원으로 더 많은 욕구를 효율적으로 충족시킬 방법이 있다면, 당연히 더 많은 덕을 실천할 수 있는 방법도 있을 것입니다.

그 방법은 무엇일까요? 차근차근 그 비결을 알아봅시다. 우리가 자원을 획득할 때, 즉 돈을 벌 때 돈 자체는 목적이 아닙니다. 돈으로 다른 걸 하려고, 즉 돈을 쓰려고 돈을 벌죠. 물론 돈 그 자체가 목적인 사람이 종종 있기는 하죠. 그런 사람은 구두쇠, 수전노라 불리며 조롱의 대상이 됩니다. 대부분의 사람은 번 돈을 씁니다. 돈을 써서 어떤 재화를 사기도 하고, 어떤 서비스를 받기도 합니다.

그러면 재화와 서비스는 그 자체가 목적일까요? 그렇지 않습니다. 우리는 재화와 서비스를 사용해 무언가를 얻으려 하죠. 바로 편익입니다. 가령 노트북을 구입했다면 이걸 장식용으로 쓰진 않을 거예요. 과제도 하고, 문서도 작성하고, 인터넷 검색도 하죠. 이것이 편익입니다. 미용실에서 서비스를 샀다면 새로운 헤어스타일이 편익이 되는 것이죠.

그런데 편익조차도 우리의 최종 목적이 아닙니다. 종점은 바로 '만족'입니다. 구매를 통해 느낀 기쁨, 흐뭇함, 행복감 같은 감정이라고도 할 수 있습니다. 노트북으로 과제를 하고 영상도 편집하면서 편익을 얻었다면, 그 결과로 만족감이 생겨야 합니다. 미용실에서 헤어스타일을 바꾸었다면 거울을 보며 나의 변화에 만족감을 느껴야 합니다. 음식을 먹으면 우리 몸을 움직이는 에너지를 얻듯, 어떤 경제적 선택을 하더라도 결국 모든 편익은 마지막에 가서는 내가 느끼는 만족의 크기로 남습니다. 경제란 만족의 합을 늘리는 것, 가능한 한 최대로 늘리는 것입니다.

문제는 만족감을 측정할 수 없다는 사실입니다. 이 문제를 해

'가성비' '가심비' 같은 신조어가 생길 정도로
상품이나 서비스의 성능, 효율, 만족도에 대한 소비자들의
관심이 높아지고 있다. 구매 후기를 나누는 활동은 이제
하나의 문화로 자리 잡았고, 심지어 구매 후기에 대해서도
하트, 엄지 이모티콘으로 평가를 남기는 세상이다.

결하고 싶었던 영국의 공리주의 철학자 제러미 벤담은 행복과 만족을 측정하는 단위로 '효용utility'이라는 개념을 제안하기도 했죠. 벤담은 개인의 행복을 가장 중요한 가치로 생각한 철학자입니다. 하지만 사람마다 제각기 다르게 느끼는 만족을 어떻게 하나의 단위로 측정할 수 있겠어요? 그럼에도 기업들이 매년 '고객 만족도 조사'를 열심히 하는 걸 보면 한 사람 한 사람의 만족은 측정하기 어려워도 집단의 평균적인 만족은 측정할 수 있다고 믿는 모양입니다.

본래 만족감은 주관적인 개념입니다. 같은 상품이 누구에게나 같은 만족을 주지는 않습니다. 심지어 같은 사람이라도 상황에 따라 느끼는 만족의 크기가 다릅니다. 잘 사는 삶이 더 많은 만족을 얻으며 사는 삶이라면, 같은 돈을 가지고(즉, 같은 양의 재화나 서비스를 가지고) 어떤 사람은 잘 살 수 있고 어떤 사람은 잘 살지 못할 수도 있다는 뜻이죠.

그러니 잘 사는 방법에는 돈을 많이 버는 것뿐 아니라 만족을 최대로 얻는 것도 꼭 포함되어야 합니다. 살짝 머리가 아프겠지만 이것도 수식으로 바꿀 수 있어요. 벌어들인 돈을 M이라고 하고 그 돈으로 재화와 서비스를 구입하여 얻을 수 있는 만족을 U라고 합시다. 저축은 따로 하지 않고 돈을 전부 다 쓴다고 가정하고, M과 U의 관계를 표현해 볼게요.

$$\frac{U}{M}\left(\frac{만족감}{벌어들인\ 돈}=\frac{행복}{소득}\right)$$

여기서 경제 활동이란 U/M를 최댓값으로 늘리는 것이라고 풀이할 수 있습니다. 돈을 조금 벌고 조금 썼는데도 만족감이 크면 잘 사는 거고, 돈을 많이 벌고 많이 썼는데도 만족감이 작으면 못 사는 삶으로 볼 수 있습니다.

돈을 많이 벌더라도 만족이 그만큼 늘어나지 않는다면 어떨까요? 아무리 돈이 많아도 그 사람은 잘 사는 게 아닙니다. 행복감이 작기 때문이죠. 어쩌면 부자가 잘 살기 더 어려울 수도 있습니다. 돈이 많아지는 만큼 만족감도 늘어나야 하는데 그게 생각처럼 쉽지 않기 때문입니다.

중요한 점은 U/M가 작거나 혹은 점차 줄어들면 불행을 느낀다는 사실입니다. 어떻게 이 값을 크게 만들 수 있을까요? 물론 단순히 비율로만 생각한다면 M을 줄이면 되지만 현실적으로는 의미가 없는 방법이에요. 어쨌든 우리는 기본적인 생활을 유지할 수 있는 수준의 돈은 벌어야 하니까요. 만족감을 느낄 수 있는 적당한 소비 활동도 필요하고요. 그러니 열쇠는 돈(M)이 아니라 상대적 만족(U)의 크기에 있습니다. 즉 이 방정식을 U/M

이 아니라 aU/M으로 만드는 것입니다. 즉 무언가를 곱하는 거죠. 곱하면 커지니까 a가 크면 클수록 좋겠죠.

그러니 이제부터 우리는 a를 더 크게 만드는 방법을 찾아봅시다. 여기엔 두 가지 방법이 있습니다. 하나는 윤리적인 방법이고 다른 하나는 경제적인 방법입니다. 경제 이야기를 하다가 웬 윤리냐 하겠지만, 놀랍게도 두 학문은 같은 뿌리에서 나왔습니다. '보이지 않는 손'으로 유명한 애덤 스미스는 경제학자지만 윤리 철학자이기도 하고, 그의 책 『국부론』도 『도덕 감정론』의 후속편으로 쓴 것입니다. 경제학과 윤리 철학은 모두 '잘 사는 삶'을 목적으로 하고 그 방법으로 '만족의 극대화'를 이야기하는 학문입니다.

만족을 키우는 윤리적·경제적 방법

a를 더 크게 만드는 윤리적인 방법은, 자기 내면을 잘 다듬고 훈련해 아주 작고 사소한 편익에서도 만족을 끌어내는 것입니다. 도덕적인 수양이 잘된 사람은 재화와 서비스를 아주 적게 얻어도, 심지어 받은 것보다 더 내주면서도 큰 만족을 얻을 수 있

습니다. 문제는 도덕적 수양이 공짜가 아니라는 점입니다. 이게 쉬웠다면 위인전에 나오는 인물들이 그렇게 큰 존경을 받을 이유도 없겠죠.

다음은 경제적인 방법입니다. 우리 같은 보통 사람은 도덕만으로 만족할 수 없을 겁니다. 재화와 서비스를 얻어야 만족도 큽니다. 그러려면 역시 돈을 벌어야겠습니다. 돈을 많이 벌면 재화와 서비스도 더 많이 살 수 있으니까요. 하지만 돈을 무한정 쓸 수 없으니 같은 돈으로 더 큰 만족을 얻을 수 있도록 머리를 잘 굴려야 합니다. 이게 경제적인 방법입니다. 어떻게 하면 될까요?

첫 번째는 만족을 얻는 편익의 종류를 다양하게 만드는 것입니다. 뭔가 하나에 꽂혀 온통 거기에 매달리는 것은 경제적으로 그리 바람직한 방식이 아닙니다. '현타'가 한번 크게 오면 그동안 얻은 만족을 다 날리게 되어 그야말로 소위 '멘붕'에 빠질 테니까요.

예를 들어, 아주 훌륭한 초밥 한 점을 맛있게 먹으면 여러분은 만족을 얻을 것입니다. 그런데 열 개, 스무 개를 먹어도 같은 크기의 만족감을 느낄 수 있을까요? 아마 열 개 정도 먹고 나면 만족감이 처음 한 개를 먹을 때와 같지 않다고 생각할 겁니다. 스무 개 정도 먹고 나면 아마 한두 점을 더 추가하더라도 만족감이 늘지 않을 것입니다. 대식가라면 몰라도 대부분은 만족감이 떨어지는 시점을 만나게 됩니다. 그러니 그 전에 초밥은 그만 먹고 다른 음식, 가령 디저트 같은 것을 선택해야 합니다. 이미 초밥으로 얻을 만족은 다 얻었는데도 꾸역꾸역 돈을 쓴다면 U/M 값이 형편없이 줄어들 테니까요.

우리 삶의 다른 영역도 마찬가지입니다. 아무리 큰 기쁨을 주던 재화나 서비스라도 기쁨의 크기가 점차 줄어드는 시점이 옵니다. 그러면 거기서 멈추어야 합니다. 그 재화나 서비스에 들일 돈을 다른 곳에 쓰는 것이 만족의 합을 늘리는 데 유리하기 때문이죠.

보통 우리가 재화나 서비스를 사용할 때 느끼는 만족은 시작 단계에서 가장 큽니다. 유튜브에 올라오는 수많은 '언박싱 영상'이 바로 그 증거가 아닐까요? 선물이나 택배를 받으면 포장을 뜯을 때 가장 큰 만족을 느끼지요. 마찬가지로 자동차 판매 사원은 고객이 새 차 포장을 뜯는 만족감을 즐길 수 있도록 비닐과 테이프 일부를 일부러 남겨 두고 배송한다고 합니다. 이런 사례는 얼마든지 찾아볼 수 있습니다. 들이는 돈에 비해 더 이상 만족이 늘어나지 않는다면 혹은 늘어나는 만족의 양이 줄어들기 시작한다면 거기서 멈추는 것이 좋습니다. 돈이 아니라 시간을 쓰는 일도 마찬가지입니다. 취미생활이 다양할수록 만족의 합을 늘리기 좋습니다. 흥미로운 영역이 다양한 사람은 그만큼 만족

구글 조사에 의하면 소비자 5명 중 1명이
언박싱 영상을 본다고 한다.
언박싱 영상에 맞춰 제품 포장에
공을 들이는 기업도 늘고 있다.

을 얻는 대상도 다양하기 때문입니다.

두 번째 방법은 같은 양의 재화와 서비스에서 더 많은 만족을 얻어 내는 것입니다. 같은 재료를 가지고도 배합과 조리 방법에 따라 음식 수준이 달라지고 만족감이 달라질 수 있습니다. 비싼 음식 재료를 잔뜩 사용해도 서로 어울리지 않는 재료를 섞거나 잘못된 방법으로 조리하면 돈만 버리는 행위이지요. 마찬가지로, 한정된 재료(재화와 서비스)를 가지고도 어떻게 사용하느냐에 따라 만족의 합이 달라질 수 있습니다.

또 재화와 서비스를 사용하는 상황과 시간에 따라 만족이 달라질 수도 있습니다. 똑같은 생수 한 병도 에어컨 앞에서 마실 때와, 운동으로 땀 흘린 뒤에 마실 때 만족감이 다를 것입니다. 만족이 가장 큰 상황과 시점을 생각해서 재화와 서비스를 사용하면 오히려 남보다 적은 돈을 가지고 더 큰 만족을 얻을 수 있습니다. 이처럼 적은 자원을 투입해 큰 만족을 얻는 것을 '효율적'이라고 합니다. 만족의 합을 윤리적·경제적 방법으로 높이는 삶이야말로 효율적인 삶이라고 할 수 있겠지요.

2 돈 X 돈의 정체

돈이 무어냐 물으신다면?

돈에는 어떤 힘이 있을까?

돈이 삶의 목적이면 안 되는 이유는 무엇일까?

돈의 가치는 왜 오르거나 떨어질까?

돈을 붙잡아 두면 안 되는 이유는 뭘까?

#돈의_힘 #구매력 #소유 #가치
#불확실한_미래와_돈 #돈의_여행

돈의 힘

우리는 돈을 벌어야 합니다. 아무리 도덕적으로 잘 수양된 사람이라도, 또 효율적으로 만족을 얻어 내는 사람이라고 해도 어느 정도의 돈은 필요하기 때문입니다. 도덕적이고 효율적이라는 말은 적은 돈으로도 비교적 큰 만족을 얻을 수 있다는 뜻이지, 돈이 없어도 된다는 뜻은 아니니까요. 사실 도덕적이고 효율적인 사람이라도 돈은 많은 게 좋습니다. 그만큼 더 좋은 일을 많이 할 수 있으니까요. 돈을 벌기 위해 덕을 훼손하는 것은 지탄받을 일이지만, 돈을 버는 것 자체는 바람직합니다.

돈을 벌기 전에 먼저 돈을 알아야 합니다. 중국 오나라의 손무가 편찬한 병법서 『손자병법』에는 적을 알고 나를 알면 백번 싸워도 위태롭지 않다는 말이 있습니다. 보통 이 말을 '백번 싸워 백번 이긴다.'라는 뜻의 백전백승百戰百勝으로 잘못 사용하는데, 백전불태百戰不殆가 맞습니다. 이 말을 돈에 빗대어 바꿔 본다면, 돈을 알고 나를 알면 돈을 많이 벌지는 못해도 쉽게 잃지는 않을 거라고 이해할 수 있을 것입니다.

대체 돈이 무엇이길래 사람들이 그토록 돈에 매달리는 것일까요? 돈 때문에 가족이 싸우기도 하고, 돈 때문에 살인에 전쟁까지 일어나니 말입니다. 그만큼 돈이 많은 혜택과 큰 만족감을 준다는 뜻일 겁니다. 돈에 관한 시 한 편을 읽어 봅시다. 셰익스피어의 희곡 〈아테네의 티몬〉에 나오는 시입니다.

> 돈이 가진 힘이 큰 만큼 나의 힘도 커진다.
> 나는 못생겼지만, 돈은 나를 잘생기게 만든다.
> 가장 아름다운 여인을 데려오니까.
> 나는 허약하지만, 돈은 나에게 스물네 개의 발을 만들어 주어 강하게 한다.
> 사람들은 돈을 숭배하기에, 돈을 소유한 사람도 숭배한다.

셰익스피어는 한 마디로 돈이 '힘'이라고 말합니다. 돈을 가지면 힘을 갖게 됩니다. 돈이 많으면 힘도 커집니다. 돈은 대체 어떤 힘을 지녔을까요?

돈은 재화나 서비스를 살 수 있는 힘이 있습니다. 바로 구매력입니다. 돈보다 큰 구매력을 지닌 물건은 찾기 어렵습니다. 보석이 있지 않냐고요? 보석의 가치는 매우 높지만 구매력이 높다고 할 수는 없습니다. 보석으로 원하는 물건을 사려면 내가 필요한 물건을 가진 사람이 내가 가진 보석을 원해야만 합니다. 우연에 우연이 겹치는 상황이라고 할 수 있습니다. 그런 기회를 만들기는 쉽지 않지요.

하지만 돈이 있다면 언제든지 원하는 물건을 구할 수 있습니다. 보석을 가진 사람이 먼저 보석을 돈으로 바꾼 뒤 필요한 물건을 구매하는 이유죠. 돈은 모든 상품의 가치를 대표하기 때문입니다. 물론 세상에는 돈으로 살 수 없는 것도 있습니다. 하지만 돈으로 살 수 없는 대상은 애초에 시장에서 팔지 않을 테고, 무엇으로도 살 수 없다는 뜻이기도 하지요.

돈의 힘은 돈으로 교환할 수 있는 재화와 서비스의 양에 따라 달라집니다. 만약 재화와 서비스에 비해 돈이 너무 많이 돌아다니면 돈의 힘은 약해집니다. 돈을 많이 줘도 살 수 있는 물건이 적기 때문이죠. 반면 재화나 서비스에 비해 돈이 적으면 돈의 힘은 강해집니다.

돈은 구매력 외에도 가치를 평가할 수 있는 힘이 있습니다. 재화와 서비스, 즉 상품의 가격이 바로 그 가치입니다. 세상 모든 가치는 돈으로 표시됩니다. 가령 우리나라의 모든 재화와 서비스는 '원'이라는 화폐 단위로 표시됩니다. 원화가 모든 재화와 서비스의 평가 기준이 되는 것이죠. 돈이 평가 기준이 되기 때문에 서로 다른 재화와 서비스의 가치도 돈으로 비교할 수 있습니다.

가령 돈으로 직업도 비교하곤 합니다. 직업에는 귀천이 없다고 하지만, (직업의 가치는 돈으로 환산할 수 없습니다.) 우리는 특정 직업에 지급되는 급여 즉 돈으로 직업을 비교합니다. 그렇다고 해서 세상 사람들이 급여만으로 직업을 선택하지는 않습니다. 적성과 흥미, 직업의 사회적 가치, 미래 발전 가능성 등을 다양하게 고려하지요. 하지만 이런 다양한 기준과 급여 사이에 차이가 크다면 돈을 기준으로 직업을 선택하는 사람이 많은 것이 사실입니다.

또 타인의 권리를 침해한 경우, 당사자가 입은 피해가 재산 손실에 관련된 것이 아니더라도 배상금, 위자료 등의 명목으로 돈을 지불하곤 합니다. 가령 누군가를 다치게 했거나, 정신적 피해를 줬을 때 이를 두고 "500만 원어치다, 1,000만 원어치다."라고 평가하는 모습은 바람직하지도 않고, 썩 보기 좋은 장면도 아닙

매 순간 전 세계에서 돈에 얽힌
사건 사고가 끊이지 않는다.
심지어 죽음 앞에서도 인간은 돈에 대한
욕심과 집착을 버리지 못할 때가 있다.
우리는 돈을 소유하는 걸까,
돈에 소유 당하는 걸까?

니다. 심지어 기업이나 개인의 과실로 누군가 생명을 잃은 비극적인 경우에도 유족에게 돈으로 배상하기도 합니다. 인간이 편하게 쓰자고 만든 도구인데, 돈이 도리어 마음과 생명에 대한 가치까지 매긴다고 생각하니, 어쩌면 돈이 주인 행세를 하고 있다는 생각이 들어 씁쓸해집니다.

돈의 능력

돈은 아주 유능한 해결사입니다. 해결사로서 돈의 가장 큰 장점은 해결력 그 자체보다는 범용성, 즉 어떤 문제든 해결할 수 있는 특성에 있습니다. 사실 돈이 완벽한 해결사는 아닙니다. 하지만 어떤 문제든 웬만큼 해결할 수 있습니다. 물론 세상에는 돈보다 뛰어난 해결사가 있을 수 있겠지만, 돈처럼 모든 영역에서 보통 이상의 해결력을 발휘하는 해결사는 없습니다.

예를 들어, 한 언론사가 세상에 훌륭한 인격자로 알려진 사람의 이면이 담긴 사건을 기사로 썼는데, 그게 잘못된 정보에 의한 오보였다고 합시다. 언론사는 피해자의 명예를 어떻게 회복할 수 있을까요? 물론 진심 어린 사죄도 필요하고 정정 기사도 내야 하겠지만, 돈으로도 배상할 수 있습니다. 물론 세상에는 돈으로 해결할 수 없는 것이 있습니다. 하지만 돈으로 해결할 수 있는 것이 많은 것도 사실입니다. 돈이라는 구체적인 기준으로 배상을 하면서 사람들은 타인에게 어떤 피해를 입혔을 때 어느 정도의 처벌과 돈이 필요한지 공통으로 인지하게 됩니다. 그로 인해 일종의 경각심을 갖게 되는 것이죠. 그래서 구체적인 재산 피해가 아닌 정신이나 명예 같은 무형의 가치 훼손을 돈으로 배상할 때는 재판에서 시시비비를 가리는 일이 치열해지기도 합니다. 법정 드라마를 보면 이혼이나 명예 훼손, 정신적 피해에 대한 배상금을 두고 양쪽 변호사들이 설전을 벌이는 장면이 자주 나오는 이유이기도 합니다.

돈이 가진 또 다른 힘은 보존 능력입니다. 돈은 상하거나 썩지 않습니다. 간혹 지폐나 동전을 금고나 땅속에 보관하는 사람도 있지만, 대부분은 돈을 은행에 맡겨서 통장의 숫자로 보관합니다. 오늘날 디지털 정보로 저장되는 돈은 그 보존 기간이 무한대에 가깝습니다.

우리는 돈으로 미래에 필요한 재화와 서비스를 미리 보관할 수 있습니다. 일단 돈으로 보관하고 나중에 사면 되죠. 앞으로 발생할지 모를 문제나 위험에 대비한 해결력도 돈으로 보관할 수 있습니다. 보험이 바로 그런 형태입니다. 즉 돈이 많다는 것은 재화, 서비스, 문제 해결 능력을 충분히 보관하고 있다는 뜻

소유가 사라지고 모두가
공유하면 사람들은 평화롭고
행복하게 살 수 있을까?
프라하에 있는 존 레넌 벽화.

이기도 합니다.

돈은 이렇게 막강한 힘을 지니고 있기에 세상의 많은 분쟁이 돈 때문에 일어납니다. 거의 대부분의 분쟁이 돈 때문에 일어난다고 해도 과언은 아닐 것입니다. 때로는 돈이 모든 악의 근원처럼 보일 지경이지요. 그래서 많은 철학자, 예술가들은 돈이 없으면 세상의 모든 추악한 일이 사라지지 않을까 상상하기도 했습니다. 영국의 록 그룹 '비틀스'의 멤버였던 존 레넌은 〈이매진 Imagine〉이라는 곡에서 소유라는 것이 없는 세상을 상상해 보자고 노래했습니다. 세상에 소유가 없다면 욕심부릴 필요도 굶주리는 사람도 없을 거라고 했지요. 마치 모두가 형제처럼 나누며 살아가는 세상이 될 거라고 상상했습니다. 이 노래를 만들기 전에 존 레넌은 이미 엄청나게 돈이 많은 사람이었습니다. 그리고 소유 없는 세상을 상상하자는 이 노래 덕분에 오히려 더 많은 재산을 소유하게 되었지요.

인간은 미래에 어떤 일이 일어날지 모릅니다. 미래에 무엇이 얼마나 많이 필요할지 알 수 없습니다. 그래서 인생은 늘 불안의 그림자를 안고 있지요. 이때 범용성이 뛰어나고, 무엇으로든 교환할 수 있고, 여러 일을 해결할 수 있는 돈을 많이 소유하고 있다면 꽤 안심이 될 것입니다.

하지만 미래의 불확실성에만 매달려 소유 자체가 삶의 목표가 되어서는 안 됩니다. 미래에 일어날지도 모를 전쟁에 대비해 방공호를 파고 1년치 비상식량을 저장하는 삶이 잘 사는 삶이라고 할 수는 없을 거예요. 마찬가지로 돈을 모으고 또 모으며 돈에 집착하는 삶 역시 정상적이지 않습니다. 처음에는 미래에 대한 대비, 안정적인 생활을 위한 소유욕이라고 생각할지 몰라도, 지나치면 돈과 소유 자체가 목적이 되어 버립니다. 돈이 목적이 되어 버린 삶이 어떻게 인간성을 파괴하는지에 대해서는 셰익스피어의 희곡 〈베니스의 상인〉이나 찰스 디킨스의 『크리스마스 캐럴』 등 수많은 고전 문학에 잘 담겨 있습니다.

돈의 성격, 돈의 여행

지금까지 돈이 가진 힘에 대해 알아보았습니다. 이제 돈의 성격을 알아보겠습니다. 사람과 마찬가지로 돈도 자기 성격에 잘 맞춰 주는 사람에게 모이기 때문에, 돈을 벌려면 돈의 성격을 알아야 합니다. 돈은 어떤 성격일까요?

돈은 돌아다니는 것을 좋아합니다. 열정적으로 여행을 좋아하는 여행광이라고 할 정도입니다. 돈이 좋아하는 여행은 공원이나 휴양지에 여러 날 머무르며 유유자적하는 여행이 아닙니다. 날마다 숙소가 바뀌고 도시가 바뀌고 국경도 마구 넘나드는 여행이죠. 내내 여행만 하고 다니라고 해도 좋아할 것입니다. 엄밀히 말하면 여행을 좋아한다기보다는 한자리에 머무르기를 싫어하는 것에 가깝습니다. 돈은 한자리에 머무르는 시간이 조금만 길어져도 엉덩이를 들썩이는 성격입니다. 만약 그런 기색이 보이면 억지로 돈을 붙들지 말고 마음껏 돌아다닐 수 있게 여건을 마련해 주어야 합니다.

돈은 회귀 본능이 있습니다. 성격도 쿨합니다. 원 없이 여행하고 돌아오는데, 원래 상태 그대로 돌아오기도 하고 때로는 몸이 축나서 돌아오기도 합니다. 가장 좋은 것은 친구를 데리고 오는 것이죠. 그렇다고 아무 곳에나 여행을 보낼 수는 없습니다. 위험한 곳으로 여행을 가면 몸이 축나는 정도가 아니라 영영 돌아오지 못하기 때문입니다. 돈과 친하게 지내고 싶다면, 돈이 적당히 여행을 즐기다가 친구를 데려올 수 있는 여행 코스를 많이 알아두어야 합니다.

간혹 돈을 어디 못 가게 자기 수중에 꼭 붙들어 두려는 사람이 있습니다. 이런 사람들을 구두쇠, 수전노라고 하죠. 영화나 소설에 등장하는 지독한 구두쇠는 돈을 궤짝이나 항아리에 담아 숨겨 두기도 합니다. 하지만 이건 돈이 가장 싫어하는 행동입니다. 만약 여러분에게 하기 싫은 일을 억지로 시키면 어떻게 될까요? 스트레스를 받고 병이 나겠지요? 돈도 그렇습니다. 돈을 억지로 한자리에 붙들어 두면 가치가 떨어집니다.

가만히 뒀을 뿐인데 돈의 가치가 떨어진다니 이해가 안 된다고요? 물론 5만 원짜리 지폐를 장롱 깊숙이 한 20년 묻어 둔다고 해서 50,000이라는 숫자가 40,000이 되지는 않죠. 하지만 돈의 가치는 적혀 있는 숫자가 아니라 교환할 수 있는 상품의 양과 가치로 결정됩니다. 가령 2013년만 해도 10억 원이 있으면 서울에서 웬만한 아파트를 두 채 정도 살 수 있었습니다. 하지만 2023년 기준으로 10억이라는 돈은 서울에서 25평 아파트 한 채를 사기에도 충분한 돈이 아닙니다. 불과 10년 사이에 돈의 가치가 그만큼 떨어진 것이죠.

그러니 돈을 한자리에 꼭꼭 붙잡아 두는 것은 돈을 지키는 방법이 아니라 가만히 앉아서 돈을 까먹는 짓입니다. 돈은 부지런히 돌아다녀야 늘어납니다. 남들은 다 늘어나는데 혼자만 그대로라면 그건 사실상 줄어든 것입니다. 다른 사람이 돈을 부지런히 굴리면서 2배로 늘리는 동안 나는 돈을 꼼짝 못 하게 붙잡아 두었다면 사실상 그 가치를 절반으로 떨어뜨린 게 되겠죠.

그렇다면 은행에 예금하는 것도 돈을 붙잡아 두는 것일까요? 그것은 어떤 은행이냐에 따라, 또 어떤 예금이냐에 따라 달라집니다. 가령 어떤 상황에서든 고객의 비밀을 지키는 것으로 유명

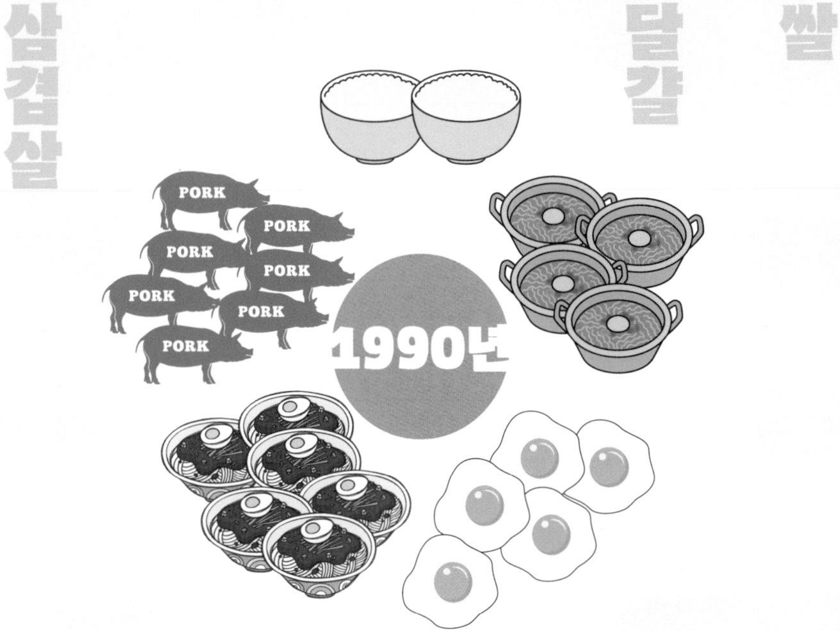

같은 돈으로 차릴 수 있는 밥상의 변화

*화폐박물관 자료 참고

한 스위스 은행의 비밀 계좌 같은 곳에 넣어 둔다면 어떨까요? 그야말로 돈을 두꺼운 문과 창살이 있는 감옥에 가두는 것이나 다름없습니다. 비밀 계좌는 예금주의 비밀을 지키는 것이 우선이기 때문에 예금에 이자가 붙지 않습니다. 오히려 1980년 이전까지는 예금자가 보관료를 물기도 했지요.

반면, 일반 은행에 예금하는 것은 돈을 국제공항 터미널에 보내 둔 것이나 다름없습니다. 일단 은행에 들어간 돈은 여행을 넘어 모험의 기회까지 누리게 됩니다. 그것도 믿을 만한 여행사의 안내를 받아서 떠나는 모험이죠. 다만 예금의 종류에 따라, 그러니까 여행 중인 돈을 언제든지 다시 불러들일 수 있는 예금이냐, 아니면 돈에 일정 기간 여행의 자유를 보장하는 예금이냐에 따라 결과가 달라집니다.

돈은 여행을 좋아할 뿐 아니라 변신도 좋아합니다. 돈은 같은 가치를 지닌 대상이라면 무엇으로든 변신할 수 있습니다. 사실 돈이 여행을 좋아하는 것도 여러 가지 모습으로 변신할 수 있기 때문입니다. 돈은 지폐의 형태로, 디지털 정보 형태로, 귀금속으로, 책으로, 석유로, 미용 기술로, 농구공으로도 변신할 수 있습니다. 이렇게 한바탕 변신한 끝에 다시 돈이 되어 돌아오는 것입니다.

이 변신을 M과 C로 표현해 보겠습니다. M은 돈, C는 상품입니다. 돈은 특별한 경우가 아니라면 상품에서 다른 상품으로 바로 변신하지는 않습니다. 일단 돈으로 돌아왔다가 다시 다른 상품으로 변신하고 다시 돈으로 돌아와 다른 상품으로 변신하는 과정을 반복합니다. 출발할 때의 돈을 M1이라고 하고 되돌아온 돈을 M2, M3, M4라고 합시다. 그리고 돈이 변신한 여러 대상을 C1, C2, C3라고 합시다. 그러면 돈의 여행은 M1→C1→M2→C2→M3→C3→M4, 이런 식으로 정리할 수 있습니다. 사람들은 돈을 떠나보내며 돈이 변신할 때마다 친구를 만나 자꾸 덩치를 키우기를 원합니다. 그 결과 M1 〈 M2 〈 M3 〈 M4, 이렇게 되는 것이 돈을 여행 보낼 때 우리가 돈에 기대하는 모습입니다.

우리는 여행을 떠날 때 이전보다 조금이라도 더 나은 사람이 되어 돌아오기를 기대합니다. 물론 여행이 유학처럼 공부를 위해 떠나는 것은 아니죠. 하지만 여행에서 돈만 쓰고 지쳐서 고단한 상태로 돌아온다면 누가 여행을 가려 할까요? 우리가 여행에서 새로운 경험이나 친구 사귀기를 바라는 것처럼 돈에도 변화를 바라는 것일지 모르겠습니다.

3 돈 X 소득

어떻게 해야 돈을 벌 수 있을까?

돈은 왜 평생 친구가 되어 주지 않을까?

돈이 늘 내 곁에 머물게 하려면 어떻게 해야 할까?

돈은 왜 스스로 움직이는 것처럼 보일까?

어떻게 해야 돈을 벌 수 있을까?

#교환 #생애_주기 #소득과_소비 #자산 #재테크 #상품
#거래 #교환 #재화와_서비스

있을 때 잘해야 하는 돈

여행을 좋아하고 변신을 좋아하다니, 아무래도 돈은 믿음이 가는 친구는 아닌 것 같습니다. 해결 능력도 뛰어나고 여러모로 도움이 되지만 언제든 인사도 없이 훌쩍 떠나 다시 돌아오지 않을 수 있는 친구로 보이니까요. 어쩌면 돈은 의리 없는 친구일지도 모릅니다. 그래도 돈은 신용은 있는 친구입니다. 돈이 내 곁에 머물 때와 떠날 때 모두 타당한 이유가 있기 때문입니다. 돈이 내 곁에 머무르게 하려면 돈이 좋아하는 변신과 여행을 할 수 있게 해 줘야 합니다. 즉 돈이 변신과 여행을 계속할 수 있도록 자산을 넉넉히 가지고 있든가 아니면 돈을 벌어야 합니다.

돈은 우리가 젊고 활발하게 일하는 시기에는 세상에 둘도 없는 친구처럼 살갑게 다가옵니다. 그렇다고 내가 세상을 떠난 다음에도 나를 기억해 주고 그리워해 주는 친구는 아닙니다. 돈이라는 녀석은 내가 해 줄 것이 별로 없다고 판단되면 혹은 나보다 더 잘해 주는 친구가 나타나면 언제든지 옮겨 갈 수 있습니다. 아무래도 좋은 친구라고 할 수는 없겠네요. 그런데도 이 녀석과 더불어 살지 않을 방법이 없으니 어쩌겠습니까? 잘 구슬려서 되도록 오래오래 내 곁에 머무르게 할 수밖에요.

돈이 나를 좋아하고 내 곁에 머무는 시기는 인생의 특정한 시기에 한정되어 있습니다. 물론 큰 유산을 물려받거나, 돈이 돈을 불리는 자산가라면 평생 돈과 함께 지낼 수도 있겠죠. 그러나 대부분의 평범한 사람에게 돈은 평생 친구가 되어 주지 않습니다. 돈이 내 곁에 머물지 않는 시기에도 우리는 다양한 재화와 서비스가 필요하지요. 그러니 우리는 돈이 우리 곁에 머무르는 기간 동안 모으고 불려서 수입이 없거나 줄어드는 시기에도 필요한 재화와 서비스를 살 수 있어야 합니다.

돈과 인생의 관계는 다음과 같은 그래프로 그려 볼 수 있습니다. 사람은 어느 일정한 나이가 되기 전에는 일을 할 수 없습니다. 이 시기를 '유소년기'라고 합니다. 유소년기에는 부모나 후견인의 돈으로 필요한 재화와 서비스를 사야 합니다. 다른 사람의

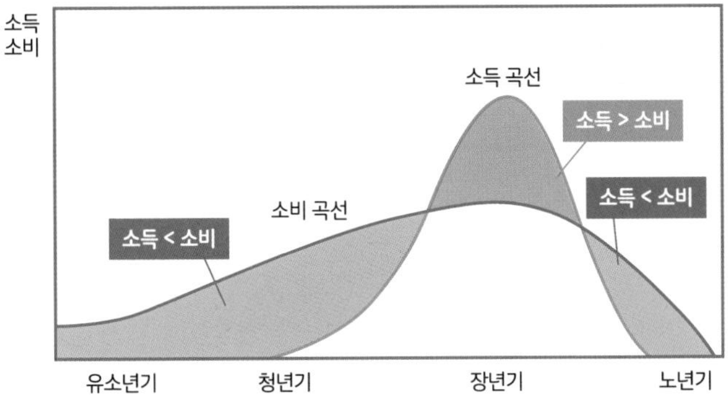

돈으로 소비하는 것이죠. 그러다 성인이 되면 비로소 돈을 버는 노동을 할 수 있게 됩니다. 소득이 생기는 것이죠. 하지만 아직 부족합니다. 어른이 되면 필요한 재화와 서비스도 늘어나고 소비도 늘어납니다. 그래서 성인이 되어 어느 정도 경제 활동을 하더라도 완전히 자립하지는 못하는 시기를 맞게 됩니다. 이 시기를 '청년기'라고 합니다. 보통 19세에서 30세 사이를 청년기라고 합니다. 요즘에는 조금 늦춰서 25세부터 35세까지를 청년기로 보기도 합니다.

어느 정도 나이를 먹고 사회에서 자리를 잡으면 소득이 소비보다 큰 시기가 옵니다. 이때를 '장년기'라고 합니다. 예전에는 30세에서 60세를 장년기로 봤는데, 요즘에는 35세에서 65세로

늦추기도 합니다. 물론 나이를 먹는다고 저절로 자립하고 돈을 버는 것은 아니죠. 나이를 먹어도 어른답지 못한 어른도 얼마든지 있습니다. 어쨌든 우리 인간의 삶에서 소득이 소비보다 많을 수 있는 시기가 바로 장년기입니다.

소득을 R이라고 하고 소비를 C라고 할 때 장년기는 R〉C인 시기라고 할 수 있습니다. 장년기 첫해를 1이라 하고 근로 소득이 멈추는 은퇴 시기를 x라고 할 때 Ri－Ci＝Mi(i=1~x)가 됩니다. 즉 M1에서 Mx까지의 합으로 은퇴 뒤 필요한 모든 소비를 충당해야 합니다. 여기서 M의 합을 '자산'이라고 합니다. 물론 이게 꼭 돈일 필요는 없습니다. 증권이나 부동산 형태로 존재할 수 있습니다.

일반적으로 사람들 대부분이 일을 그만두는 시기는 노년기입니다. 회사원은 직장에서 퇴직하고, 사업가는 은퇴합니다. 사람마다 편차가 있지만 대체로 65세를 전후한 나이부터 퇴직이나 은퇴가 시작됩니다. 이 시기에는 연금 소득에 의존하는 경우가 많은데, 연금 소득은 장년기의 소득에 미치지 못하고, 그렇다고 해서 이 시기의 소비가 줄어드는 것도 아닙니다. 오히려 의료비와 요양비로 더 많은 돈이 들기도 하지요. 따라서 장년기에 자산인 M의 합을 충분히 만들어 놓지 않으면 인생의 말년이 어려울 수도 있습니다.

고대 그리스의 현자 솔론은, 인생의 행복은 끝에 가서야 판단할 수 있다고 말했습니다. 특정 시점에 경제적으로 잘살았다고 해서 인생의 끝까지 잘살고, 잘 사는 것은 아닙니다. 우리가 잘 살기 위해 어느 정도의 돈이 꼭 필요하다면, 어느 정도의 돈이 늘 우리 곁에 머물러 있도록 준비해 두어야 합니다. 즉 곁에 있을 때 잘해야 합니다. 그렇다면 자산의 합을 늘리려면 어떻게 해야 할까요? 간단하게 정리하면 두 가지 방법밖에 없습니다.

- 경제 활동 기간 동안 소득을 극대화합니다.
- 소비를 최소화합니다.

돈을 더 버는 것은 당연히 경제 활동이지만, 돈을 덜 쓰는 것 역시 경제 활동입니다. 그런데 이 두 방법 중 하나에만 몰두하는 방식은 바람직하지 않습니다. 돈을 버는 데만 몰두하거나 돈을 안 쓰는 데만 집착하는 것 모두 삶의 질을 떨어뜨리게 됩니다. 어느 한쪽만 제대로 해도 돈을 모을 수는 있습니다. 하지만 우리가 이 세상에서 살아갈 수 있는 시간은 제한되어 있습니다. 막상 돈이 다 모일 때쯤 인생이 얼마 남지 않았다면 얼마나 비참할까요? 역시 이 둘을 적절히 조합하는 것이 가장 합리적인 방법입니다.

인간은 매일 돈을 벌기 위해 일하고,
돈을 쓰고, 돈을 모은다.
이 중 한 가지라도 하지 않는 사람이 세상에 있을까?

돈을 벌려면 어떻게 할까?

돈을 모으기 위해, 먼저 소득을 늘리는 방법부터 생각해 봅시다. 아무리 소비를 줄이더라도 소득이 적으면 절대 자산이 모이지 않습니다. 이때 필요한 것은 재테크가 아닙니다. 재테크는 자산을 적절히 관리하여 추가적인 소득을 얻는 기술이죠. 즉 이미 쌓인 자산을 활용하는 방법입니다. 재테크를 하려면 역시 돈을 벌어야 합니다.

돈은 교환 매체입니다. 돈이 내 손에 들어온다는 것은, 반대로 내 손에서 돈과 교환될 만한 어떤 가치가 빠져나갔다는 뜻입니다. 그것은 재화일 수도 있고 서비스일 수도 있습니다. 이처럼 돈과 교환되는 것을 **상품**이라고 합니다. 상품이라고 하면 물건을 떠올리겠지만, 이 세상 모든 돈은 상품 거래의 결과입니다. 가게에서 파는 물건만 상품인 것은 아닙니다.

사람들은 어떤 재화와 서비스에 돈을 낼 만한 가치가 있다고 판단할까요? 간단합니다. 일을 해서 얻을 수 있는 재화와 서비스를 가치 있다고 생각합니다. 일하지 않고 거저 얻을 수 있는 것을 돈을 주고 가져가는 사람은 없습니다. 그런데 시대나 사회적 상황에 따라 그 대상이 달라지기도 합니다.

물을 예로 들어 봅시다. 500년 전 우리나라에서 돈을 주고 물을 사는 사람은 거의 없었습니다. 근처 냇물이나 우물을 떠서 마시거나 사용했지요. 물은 일을 하거나 돈을 주고 얻는 대상이 아니었습니다. 그래서 '돈을 물 쓰듯 한다.'라는 속담도 나왔겠죠. 하지만 지금은 어떤가요? 우선 강물이나 냇물, 우물물을 그대로 마시는 사람은 없을 겁니다. 이제 물은 자연 상태가 아니라 누군가의 노동이 보태져 정수된 상태로만 마실 수 있는 상품이 되었지요. 심지어 수돗물도 그대로 마시려고 하면 찜찜한 것이 사실입니다. 그래서 사람들은 이제 돈을 주고 물을 사서 마십니다. 시대에 따라 상품의 대상과 가치가 변한 것입니다.

어려운 노동이 필요한 재화나 서비스일수록 더 많은 돈을 주어야 구할 수 있습니다. 책값을 예로 들어 봅시다. 2022년에서 2023년 사이 물가가 크게 올랐지만, 책값은 상대적으로 많이 오르지 않았습니다. 지식과 정보를 얻기가 점점 쉬워지기 때문이죠. 인터넷 검색창이나 챗GPT, 구글 제미니아에서 얻을 수 있는 지식과 정보가 널려 있습니다. 그 결과 책 한 권의 가격이 밥 한 끼 가격과 크게 차이가 나지 않지요.

반면 중세 유럽 사람들은 직접 펜으로 양피지에 필사해서 책을 만들었습니다. 공이 많이 들어가는 노동인 것이죠. 당시에는 책 이외에 지식과 정보를 얻을 수 있는 방법도 적었습니다. 당연하게도 당시 책의 가치는 어마어마했고 가격도 비쌌습니다. 예

이제 사람들은 스마트폰 하나로 언제 어디서든
뉴스를 보고, 책을 읽고, 쇼핑하고, 타인과 소통한다.

를 들어 세계 최초의 체계적인 윤리학서이자 서양 윤리학의 토대가 된 책인 아리스토텔레스의 『니코마코스 윤리학』 한 권이 집 한 채와 맞먹을 가격이었다면 믿어지나요?

수많은 책과 강연에서 돈 버는 비결을 말하지만, 결국 돈 버는 방법은 간단합니다. 직접 생산하기 어려운, 그래서 돈을 주고 살 만한 가치가 있는 재화와 서비스를 제공하면 됩니다. 혹은 그런 재화와 서비스를 생산할 수 있는 능력을 갖추는 겁니다. 여기서 직접 재화와 서비스를 제공하는 주체는 기업이 되고, 생산할 능력 즉 노동력을 판매하는 주체는 기업에 고용된 노동자라고 볼 수 있습니다. 어떤 재화와 서비스를 제공하느냐, 혹은 어떤 재화와 서비스를 생산할 수 있느냐에 따라 기업의 이윤과 노동자의 임금이 결정됩니다. 당연히 아무나 생산할 수 없는 재화와 서비스를 제공하는 능력을 갖추었다면 기업은 큰 이윤을 얻고, 노동자는 높은 임금을 받을 수 있습니다.

노동자의 임금, 즉 노동력의 경제적 가치는 어떤 일을 하느냐에 따라 다릅니다. 누구나 할 수 있는 단순한 일을 물리적으로 일손이 모자라서 추가 노동력을 사는 경우라면 임금이 높지 않을 수 있습니다. 반면에 사용자가 직접 할 수 없는 일이거나, 숙련 기간이 필요한 전문적인 일을 하는 노동자의 임금은 상대적으로 높을 수밖에 없죠. 예를 들어, 같은 대학에 다니는 스무 살이라고 해도 편의점 아르바이트를 하는 대학생과, 고등학생 입시 과외를 하는 대학생의 시급에 차이 나는 것을 떠올리면 쉽게 이해할 수 있을 겁니다.

4 돈 X 창업

내가 사장이 된다면?

기업은 어떻게 돈을 벌까?

창업하려면 무엇이 필요할까?

무엇을 얼마나 어떻게 생산할지 어떤 기준으로 정할까?

생산의 결과를 어떻게 나누어야 할까?

#시장_경제 #기업 #창업 #기업가_정신 #자본금
#투자 #투자자 #혁신 #규모의_경제 #고용과_분배

벌기 위해 먼저 써야 하는 돈, 자본

시장 경제에서 재화와 서비스를 생산한다는 것은 기업을 세운다는 의미입니다. 즉 창업하는 것이죠. 최근에는 창업이라고 하면 흔히 IT 분야의 스타트업부터 떠올리지만, 규모와 종류에 상관없이 돈을 받고 재화와 서비스를 제공하는 모든 기업이 여기에 해당합니다.

여기서 잠깐! 창업을 하기 전에 먼저 고려할 문제가 있습니다. 재화와 서비스를 생산하려면 먼저 소비부터 해야 합니다. 당연하게도 우리는 무에서 유를 창조할 수 없습니다. 연필을 만들기 위해서는 나무와 흑연이 필요하고, 자동차를 생산하려면 엔

진과 외관, 차 내부를 구성하는 여러 소재와 부품이 필요합니다. 물론 이런 재료들은 모두 공짜가 아닙니다. 돈을 주고 사 와야 합니다. 그러니 일단 소비를 해야 생산을 할 수 있는 것이죠.

생산 규모가 클수록 원료도 많이 소비하게 됩니다. 게다가 노동력도 필요하죠. 혼자 할 수 있는 일이 아니라면 임금을 주고 노동자를 고용해야 합니다. 생산에 필요한 기계나 장비도 필요하고, 가게나 공장 같은 장소도 필요합니다. 이처럼 돈을 벌기 위해 먼저 쓰게 되는 돈을 **자본**이라고 합니다. 상품을 만드는 데 필요한 생산 수단이나 노동력 등을 통틀어 이르는 말이죠. 그리고 창업에 필요한 자본에 돈을 보태는 것을 '투자'라고 합니다.

그럼, 작은 레스토랑 창업을 예로 들어 봅시다. 자본이 얼마나 필요할까요? 다음 목록을 보고 혹시 빼먹은 것이 있나 같이 생각해 봅시다.

✦ 매장 매입 혹은 임차: 레스토랑이 들어설 건물을 사거나, 건물주에게 일정 금액을 지불하고 임차해야 합니다.
✦ 도구 구입 및 인테리어: 주방 시설, 각종 조리 도구, 테이블, 의자 등 필요한 도구와 실내외 인테리어에 드는 비용을 지불합니다.
✦ 직원 채용: 주방장, 조리사, 서빙 직원 등 필요한 인력의 초

레스토랑 창업

장소

건물 매입 혹은 임차 비용.

직원

주방장, 조리사, 서빙 직원
등의 초기 월급.

식재료

가게를 오픈하고 일정 기간
판매할 음식의 재료.

도구 및 인테리어

주방 시설, 각종 조리 도구,
테이블, 의자 등 필요한 도구와
실내외 인테리어에 드는 비용.

홍보비

레스토랑 오픈을 알리는
홍보 비용.

기 월급을 미리 준비해야 합니다.

- ✦ 식재료: 가게를 오픈하고 일정 기간 동안 판매할 음식의 재료비를 마련해야 합니다.
- ✦ 홍보비: 레스토랑 오픈을 알리는 초기 홍보 비용을 계산해야 합니다.

창업하려는 레스토랑의 규모에 따라 창업에 필요한 자본도 달라집니다. 그렇다고 내가 가진 자본의 규모만큼 작고 소박하게 창업해야 하는 것은 아닙니다. 다른 사람의 돈을 끌어와서 자본의 규모를 키울 수도 있으니까요. 바로 투자를 받는 것입니다.

창업과 투자

기업에 투자한다고 해서 투자자가 인심을 쓰는 것이 아닙니다. 투자자는 사업의 장래성을 판단하고 이 기업이 앞으로 자신에게 수익을 안겨 줄 거라 기대하기 때문에 투자하는 것이죠. 실제로 기업 대부분이 창업자 본인의 자본보다는 투자자의 돈을 더 많이 보태서 출발하곤 합니다.

자, 이제 레스토랑이 투자를 받아서 내가 가진 자본보다 큰 규모로 창업할 수 있게 되었다고 합시다. 투자자는 다음 두 가지 중 하나의 방식으로 투자하게 될 것입니다. 하나는, 레스토랑에 투자한 뒤 정기적으로 투자 원금에 대해 약속한 이자를 받고, 투자 기간이 끝나면 원금을 회수하는 방법입니다. 은행에서 대출을 받으면 기업가는 이 같은 방식으로 원금과 이자를 지급하게 됩니다. 물론 레스토랑의 운영 계획이 부실하면 은행은 절대 대출해 주지 않죠. 하지만 레스토랑이 충분히 이익을 거둘 수 있다고 판단되면 대출을 해 줄 것입니다. 그리고 꼬박꼬박 일정한 이자 수입을 챙기겠죠. 다만 레스토랑이 예상보다 훨씬 큰 성공을 거두어도 더 높은 이자를 받을 수는 없습니다.

두 번째는, 레스토랑에 투자한 뒤 이자 대신 레스토랑의 수익을 투자 비율에 따라 분배받는 방법입니다. 이때 투자자의 투자 비율을 **지분**이라고 합니다. 이것은 레스토랑에 돈을 빌려준 것이 아니라 레스토랑 사업의 일부를 산 것입니다. 따라서 레스토랑이 수익을 내지 못하면 손해를 보게 되고, 망하기라도 하면 투자한 돈을 고스란히 날릴 수도 있습니다. 대신 레스토랑이 크게 성공하면 그만큼 더 많은 돈을 벌 수 있지요.

여러분도 잘 알고 있는 글로벌 기업인 애플을 예로 들어 볼까요? 아시다시피 애플은 세계적으로 성공한 기업입니다. 애플의 시가 총액은 삼성전자, 현대자동차 등 우리나라의 모든 기업 가

내가 만약 사장이 된다면?
2023년 통계청 발표에 따르면
프랜차이즈 가맹점
창업 1위는 편의점이고, 한식과 카페,
치킨집이 뒤를 이었다.

치를 합해도 대등할 정도로 큽니다. 이 거대한 애플의 설립자가 스티브 잡스와 스티브 워즈니악이라는 괴짜 기술자인 것은 너무나 유명하죠. 이들이 잡스의 창고에서 처음 회사를 시작할 때도 자본이 필요했습니다.

이들은 세계 최초의 개인용 컴퓨터인 애플1을 만들어 시제품을 들고 다니며 주문을 받았습니다. 노력의 결과로 50대의 주문을 받아 냈지만, 이걸 한 달 안에 둘이서 만들 수는 없었죠. 사업을 키우기 위해 자본이 필요한 시점이 된 것입니다. 두 사람은 론 웨인이라는 기술자의 투자를 받아 애플컴퓨터를 설립했습니다. 당시 웨인의 지분은 10%였습니다.

그러나 투자를 받아 만든 애플1의 판매가 저조하자 론 웨인은 자신의 지분을 포기하고 800달러를 받고 애플을 떠났습니다. 투자자는 기업의 미래와 투자 가치를 판단해서 투자금을 늘릴 수도 줄일 수도 있습니다. 론 웨인은 애플1 판매 부진을 보고 나름의 판단을 내렸고 더 이상의 투자를 포기한 것이죠. 그러나 만약 이때 론 웨인이 지분을 포기하지 않고 계속 투자를 유지했다면 어떻게 되었을까요? 2024년 3월 기준 애플의 시가 총액은 2.6조 달러입니다. 따라서 애플의 10% 지분이라면 대략 2,600억 달러입니다. 우리 돈으로 300조에 가까운 어마어마한 돈이죠. 애플의 사례를 본다면, 투자자는 당장의 손익을 고려하기보다 장기적 투자 안목을 길러야 합니다. 기업의 사업 전망과 장기적인 시장 흐름, 기업가의 비전 등 다양한 조건을 고려하여 투자를 결정해야 하죠. 물론 쉬운 일은 아닙니다. 여러분이라면 어떤 선택을 하겠습니까?

자본의 효율적인 사용과 분배

대출을 받았건, 투자를 받았건, 이렇게 모인 종잣돈인 자본은 소중합니다. 함부로 쓰면 안 되겠죠. 그래서 창업하는 기업가라면 다음 네 가지 질문을 깊이 고민하고 신중하게 답해야 합니다.

무엇을 생산할까?

기업을 세운다면 제일 먼저 결정해야 하는 것이 바로 '무엇'입니다. 우리는 레스토랑을 예로 들고 있으니, 어떤 음식을 만들고 어떤 방식으로 서비스할 것인지 결정해야 합니다. 레스토랑 메뉴판에 '뭐든지'라는 메뉴를 쓸 수는 없으니까요.

자, 어떤 음식을 제공할까요? 한식, 중식, 양식, 일식, 동남아식 아니면 퓨전? 이 중 어느 것이 더 좋다, 나쁘다 기준은 없습니다. 자기 능력이나 관심사, 시장의 상황을 고려해서 신중하게 분석하고 판단해야 합니다. 일단 양식을 선택했다고 하겠습니다. 이제 또 다른 선택이 남습니다. 파스타, 피자 중심의 가벼운 레스토랑을 열지, 코스 요리 중심의 고급 레스토랑을 열지 정해야 합니다. 얼핏 고급 레스토랑이 좋아 보이지만 그만큼 자본이 많이 필요할 테고, 우리는 현재 확보한 자본의 규모를 고려해야 합니다.

얼마나 생산할까?

첫 번째 질문을 통해 피자와 파스타를 파는 이탈리안 레스토랑을 열기로 정했다고 합시다. 다음에는 레스토랑의 규모를 고민해야 합니다. 한 번에 손님 200명까지 받을 수 있는 규모로 차려서 많이 팔까요? 아니면 네다섯 개 테이블에 많아야 스무 명 정도 손님을 받을 수 있는 아담한 식당을 차릴까요?

물론 큰 식당을 차리면 그만큼 직원도 많이 채용해야 하고, 임대료도 비싸집니다. 그렇다고 해서 작은 가게를 차리는 것이 무조건 안전하고 유리한 선택은 아닙니다. 자본금은 쓰라고 있는 돈입니다. 써서 더 벌어야지, 안전하게 지킬 생각이라면 은행에 예금을 하지 창업할 이유가 없겠죠.

더구나 규모의 경제를 생각해야 합니다. 생산 규모가 작으면 생산에 들어가는 총비용은 작을지 몰라도, 생산품 하나당 들어가는 비용은 오히려 클 수 있습니다. 예를 들어 열 사람이 먹을 정도의 식재료는 비싼 소매가로 구입해야 하지만, 200명이 먹을 식재료는 저렴하게 도매가로 구입하거나 농장에서 직거래할 수도 있습니다. 대량으로 구매했을 때 재료비를 줄일 수 있고, 레스토랑은 더 많은 이윤을 남길 수 있습니다. 그렇다고 무작정 많이 만들 수도 없죠. 음식이 팔리지 않고 남으면 재앙이 따로 없으니까요. 그러니 가지고 있는 자본의 한계 안에서 상품 낱개당 들어가는 단위 비용을 줄이면서 총비용이 지나치게 늘어나지 않는, 적절한 규모의 생산량과 사업 규모를 결정해야 합니다.

어떻게 생산할까?

기업의 목적은 이윤을 남기는 것입니다. 이윤은 쉽게 말하면 장사나 사업을 해서 남긴 돈입니다. 사업에 들인 돈보다 번 돈이 더 많으면 이윤을 남긴 것입니다. 이때 번 돈을 **수익**이라고 하고 들어간 돈을 **비용**이라고 합니다. 즉 기업의 이윤은 수익에서 투자 비용을 제외한 것이죠.

이윤을 늘리는 방법은 두 가지가 있습니다. 하나는 수익을 늘리는 것이고, 다른 하나는 비용을 줄이는 것입니다. 물론 수익을 늘리는 일은 쉽지 않습니다. 비싸게 팔든가 더 많이 팔아야 하는데, 비싸게 팔려면 소비자 또는 손님에게 가격을 납득시킬 수 있어야 합니다. 그렇지 않으면 경쟁사에 고객을 뺏길 수도 있습니다. 더 많이 팔려면 품질이 월등하든지, 경쟁사보다 저렴한 가격으로 팔아야 하는데, 둘 다 쉽지 않지요. 결국 남은 선택은 비용을 줄이는 방법입니다. 같은 상품을 생산하는 데 들어가는 비용을 줄이면 이윤을 늘릴 수 있고, 혹은 판매가를 낮춰서 더 많이 팔 수도 있습니다.

다시 레스토랑 창업으로 돌아가 봅시다. 고민 끝에 테이블 열 개 규모로 50명까지 손님을 받을 수 있는 피자, 파스타 전문 레스토랑을 열기로 했습니다. 이제 음식의 수준이나 조리 단가, 서비스 방식을 결정해야 합니다. 가령 모든 메뉴를 최고의 재료로 만들고, 조리 기구도 최고를 사용하고, 테이블마다 극진한 서빙을 제공하고, 손님의 사소한 요구에도 친절하게 응대하기로 방침을 정했다고 합시다. 이러면 음식 한 그릇에 들어가는 비용도 그만큼 올라갑니다. 서비스 품질을 높이기 위해 서빙 직원도 여러 명 고용해야 하죠. 당연히 재료비, 인건비가 올라가고 전체 운영 비용도 늘어날 것입니다.

그렇다고 무작정 비용을 줄이는 것도 좋은 방법은 아니죠. 음식의 맛과 재료의 품질을 떨어뜨리지 않으면서도 손님이 비싸다고 느끼지 않는 음식 가격, 최소한의 직원으로도 손님이 불편을 느끼지 않을 서빙 방법을 찾아야 합니다. 식재료를 낭비

없이 사용할 수 있는 레시피, 적은 수의 직원으로도 최고의 서비스를 제공할 수 있는 서비스 매뉴얼, 참신한 조리 도구나 아이디어도 개발해야 합니다. 이런 노력이 바로 '혁신'이라고 할 수 있습니다.

어떻게 분배할까?

여러 문제를 신중하게 선택했고 잘 운영하여, 여러분의 레스토랑이 장사가 잘되었다고 합시다. 그래서 첫해 영업한 결과 총 10억 원의 매출이 나왔고, 여기서 재료비와 공과금 같은 비용을 제하고 나니 5억 원이 남았다고 가정해 봅시다. 이제 5억을 어떻게 나누느냐 하는 문제가 남았습니다.

이 레스토랑에서는 창업주와 주방장, 조리사, 홀 매니저, 홀 직원 두 명 이렇게 총 여섯 명이 일하고 있습니다. 어떻게 분배해야 할까요? 여러분이 사장이니까 모두 가지면 될까요? 아니면 함께 운영한 것이니 6분의 1로 똑같이 나눌까요? 이익을 내기도 어렵지만 분배 역시 어려운 문제입니다. 일단 여섯 명이 똑같이 나누는 것도, 사장이 다 가지는 것도 비현실적인 방법이니 제외하도록 합시다. 각자가 매출에 기여한 몫이 어느 정도인지, 누구에게 얼마를 분배했을 때 여섯 명의 만족의 합이 가장 클지 여러 사안을 꼼꼼하게 따져야 합니다.

여기서 잠깐! 매출을 분배할 곳은 사장과 직원만이 아닙니다. 당연히 레스토랑이 입점한 건물주에게 임대료를 내야 하고, 레스토랑을 시작할 때 은행에서 대출을 받았다면 은행 이자도 내야 합니다. 지금부터 제시되는 금액은 분배의 개념을 알아보기 위해 가정한 수치임을 이해하길 바랍니다.

우선 레스토랑 장소에 대해 건물주와 월세 700만 원에 계약했다고 합시다. 그러면 임대료로 1년에 총 8,400만 원의 돈을 지급해야 합니다. 또 은행에서 초기 자금으로 3억 원을 대출했고 이자가 연 6%라면 1년에 1,800만 원의 이자를 은행에 내야 합니다. 임대료와 이자를 제외하니 3억 9,800만 원이 남습니다. 이제 여섯 명이 이익을 나눠 가지도록 합시다.

먼저, 지배인과 조리사, 서빙 직원의 몫은 이미 정해져 있습니다. 고용할 때 근로 계약을 맺었기 때문입니다. (근로 계약에 대해서는 다음 장에서 자세히 다뤄 보겠습니다.) 이들이 가져가는 몫, 즉 임금은 만약 레스토랑이 이익을 내지 못해도 지급해야 하는 돈입니다. 노동을 제공한 대가이니까요. 대신 레스토랑의 이익이 늘어나더라도 금액은 고정적일 것입니다. 단, 근로 계약서에 이익에 따른 성과급 조항이 있다면 근로자도 추가 금액을 받을 수 있습니다.

만약, 계약에 따라 주방장이 6,000만 원, 조리사가 4,000만 원, 홀 매니저가 4,000만 원, 홀 직원 두 명이 각각 3,000만 원씩 가져갔다고 합시다. 이제 1억 9,800만 원이 남았습니다. 이게 바로 여러분이 레스토랑을 성공적으로 운영한 결과 얻게 된 이윤입니다. 그럼, 이제 이걸 다 챙겨도 될까요? 만약 혼자 대출받아서 창업했다면 그래도 됩니다. 하지만 레스토랑에 투자한 사람이 있다면 그 사람의 몫도 챙겨 주어야 합니다. 가령 레스토랑을 세울 때 6억이 들었는데 그중 3억을 은행에서 대출받고, 자기 돈을 2억, 그리고 친구 돈을 1억 투자받았다고 합시다. 그러면 그 친구에게는 6분의 1만큼 지분이 있는 것이죠. 즉 1억 9,800만 원이라는 이윤에서 자기 지분만큼의 이익을 배당받을 권리가 있습니다. 총 3,300만 원이네요. 투자자에게 배당금까지 주고 남은 1억 6,500만 원이 바로 사장인 여러분의 몫이 됩니다.

이제 여러분은 이 돈을 전부 본인 소득으로 챙길 수도 있지만 이 중 일부를 레스토랑에 투자해서 가게를 확장하거나, 분점을 내거나, 직원을 늘리거나, 내부 시설을 교체할 수도 있습니다. 즉 이윤이 레스토랑의 자본에 추가되는 것이죠. 혹은 당장 투자비로 사용하지 않고 미래를 위해 따로 모아 둘 수도 있습니다. 대부분의 기업은 이윤의 상당 부분을 미래의 투자를 위해 남겨 둡니다. 우리가 쓰고 남은 돈을 저축하는 것과 비슷한데, 이것을 **유보 이윤**이라고 합니다. 여러분은 이익의 3분의 1을 유보

레스토랑 수익 분배

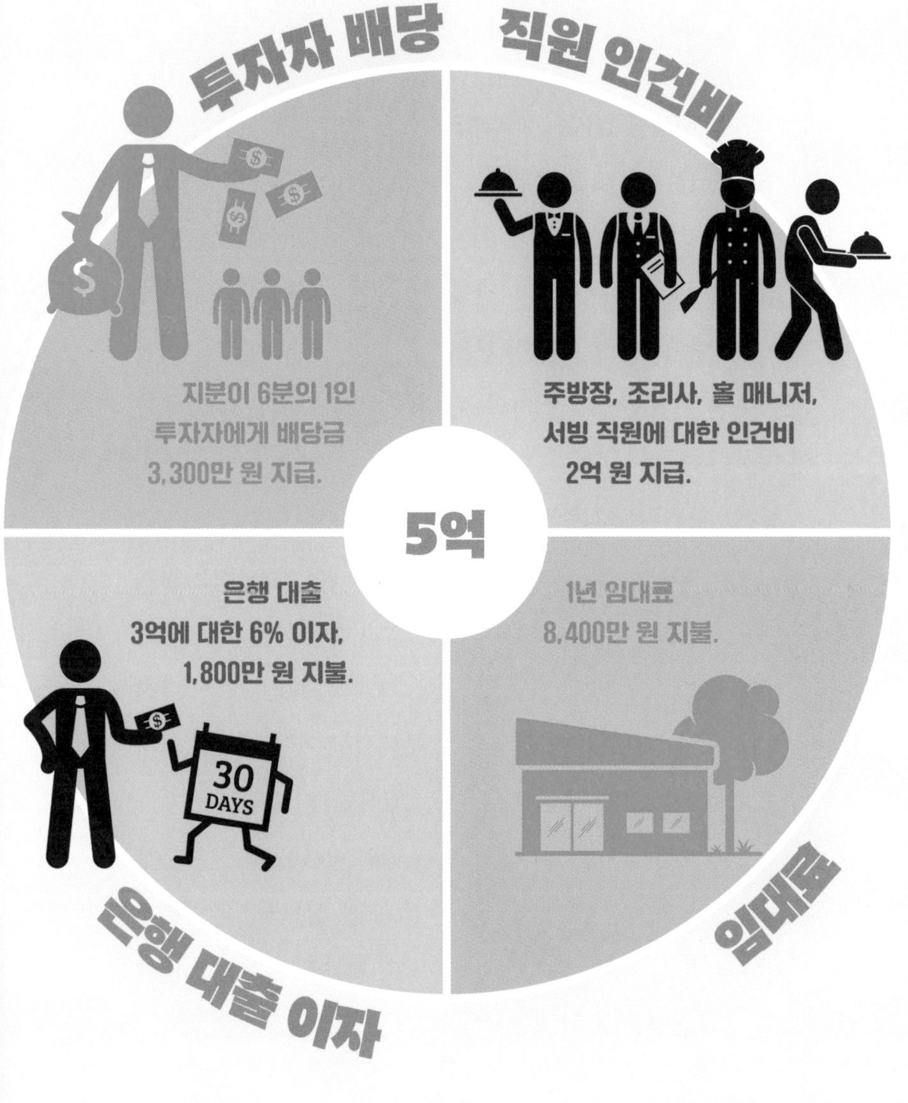
투자자 배당
지분이 6분의 1인
투자자에게 배당금
3,300만 원 지급.
직원 인건비
주방장, 조리사, 홀 매니저,
서빙 직원에 대한 인건비
2억 원 지급.
5억
은행 대출
3억에 대한 6% 이자,
1,800만 원 지불.
30
DAYS
은행 대출 이자
1년 임대료
8,400만 원 지불.
임대료

이윤으로 남겨 두기로 했다고 합시다. 그럼 1억 1,000만 원이 여러분의 두 손에 남습니다.

이 경우에는 매출을 10억이라는 큰 금액으로 잡고 계산했기 때문에 사장이 가장 많은 돈을 분배받았습니다. 그러나 사업이 늘 이익을 내지는 않지요. 매출이 0일 수도 있고 오히려 손해가 날 수도 있습니다. 그런 상황에도 사장의 몫은 가장 마지막에 계산됩니다. 임대료, 직원 임금, 이자, 재료비 등 운영에 필요한 모든 금액을 내고 남는 것이 사장의 몫입니다. 많으면 많은 대로, 적으면 적은 대로, 없으면 한 푼도 가져갈 수 없고, 때로는 마이너스가 될 수도 있죠. 기업가의 소득인 이윤은 이런 위험을 감당하고 얻는 대가인 셈입니다.

레스토랑 창업 사례에서 건물주는 임대료를, 직원들은 월급을, 사장과 투자자는 이윤을 챙겼습니다. 이 각각의 수익은 가계의 소득이 됩니다. 그리고 이 소득은 각자 생활하는 데 필요한 재화와 서비스를 사는 데 소비됩니다. 가계의 소비는 다시 다른 기업의 이윤이 되고, 기업의 이윤이 분배되고 기업 구성원 각자의 가계 소득이 되어 경제가 순환하는 것이죠.

시장 경제에서 돈을 벌려면 기업을 세워 이윤을 챙기든가, 부동산에 투자해서 임대료를 받든가, 돈을 빌려주거나 투자해서 이자나 배당을 받든가, 아니면 노동력을 제공하고 임금을 받아야 합니다. 이 중 돈을 버는 가장 기본적인 방법은 노동으로 임금을 받는 것입니다. 다음 장에서는 노동과 임금에 대해 자세히 알아보겠습니다.

5 돈 X 노동

연봉을 많이 받으려면?

노동자가 더 많은 임금을 받으려면 어떻게 해야 할까?

왜 어떤 직업은 임금이 높을까?

내 노동력의 가치를 높이려면 어떻게 해야 할까?

초등학교 때부터 의대를 준비하는 게 합리적일까?

왜 노동자의 권리를 보장해야 할까?

#노동자의_권리 #근로_기준법 #근로_계약서
#노동_시간 #임금 #월차 #휴가 #유급_휴일 #무급_휴일

돈을 벌기 위한 노동

우리나라에서는 '노동'이라는 단어에 대한 인식이 그리 좋지 않습니다. 하지만 시장 경제에서 대부분은 노동으로 돈을 법니다. 기업에 고용되어 임금(시급, 월급, 연봉 등)을 받고 일하는 누구나 노동자입니다. 건설 현장의 일용직 노동자도, 병원에서 페이 닥터로 일하는 의사도, 검사도 판사도 고위직 공무원도 모두 노동으로 돈을 법니다.

기업가는 노동자의 노동력을 사서 임금을 지불하고, 계약한 시간만큼 상품이나 서비스를 생산하게 합니다. 따라서 노동자가 더 많은 임금을 요구하기 위해서는 더 많은 상품을 생산할 수 있어야 하지요. 노동자가 더 많이 생산하는 방법은 두 가지가 있습니다.

첫 번째는, 더 많이 일하는 것입니다. 즉 노동 시간을 늘리는 것이지요. 임금은 노동 시간 단위로 지급되기 때문에 더 많이 일하면 더 많이 받게 되어 있습니다. 하지만 노동 시간을 무작정 늘릴 수는 없습니다. 과로로 병이 나거나 다치면 오히려 병원비가 더 들 수 있어요. 최악의 경우 가장 귀한 자원인 건강을 잃을 수도 있습니다.

두 번째는, 내가 가진 노동력의 가치를 높이는 것입니다. 즉 같은 시간을 일하고 더 많은 임금을 받는 것이죠. 물론 기업가 역시 더 비싼 노동력을 사는 만큼 그만한 가치를 요구하게 됩니다. 노동자는 같은 시간에 재화와 서비스를 더 많이 생산하거나, 더 가치 있는 재화와 서비스를 생산할 수 있어야 합니다.

같은 시간에 더 많은 재화와 서비스를 생산하는 숙련된 기술을 지닌 노동자를 **숙련 노동자**라고 합니다. 반드시 그런 것은 아니지만 대체로 경력이 오래되고 경험이 많은 노동자는 신입 노동자보다 더 많은 임금을 받는데, 이는 장유유서長幼有序 때문이 아닙니다. 선임 노동자는 경험이 많으니 그만큼 숙련된 기술을 갖고 있다고 기대되기 때문입니다.

더 많은 임금을 요구하려면 그 분야에서 상당 기간 일정 수준

이상의 성과를 내면서 근무했고, 또 해마다 그 성과가 향상됐음을 증명해야 합니다. 즉 자신의 숙련도를 증명하는 것이죠. 하지만 숙련은 공짜가 아닙니다. 저절로 쌓이지 않죠. 그만큼 노동자는 자기 분야에서 성실히 일해야 하고, 업무 과정에서 얻은 경험으로 능력을 높이기 위해 노력해야 합니다. 또 주어진 일을 기존의 방식으로 우직하게 반복하기보다는 시간과 비용을 줄이면서 더 효율적으로 해결할 수 있는 아이디어도 개발해야 합니다.

한편, 일하는 분야 자체가 희소하고 높은 전문성을 지녀서 임금을 많이 받는 노동자도 있습니다. 특정 분야의 노동자는 시작할 때부터 이미 다른 분야의 노동자보다 높은 임금을 받으며 일을 하기도 합니다. 이런 노동자를 **전문직 노동자**라고 합니다. 주로 의료, 법률, 공학, 교육, 예술 분야에 종사하는 노동자로, 그 일을 하기 위해 특별한 교육과 훈련을 거치거나 자격증을 취득하기도 합니다.

전문직이라고 하면 얼핏 고액 연봉을 떠올리기 쉽지만, 반드시 그런 것은 아닙니다. 전문직 노동의 일부는 시장에서 판매되고 또 다른 일부는 국가가 공공재로 공급하기 때문입니다. 시장에서 전문적인 재화와 서비스를 제공하는 전문직 노동자는 높은 보수를 받습니다. 대신 치열한 경쟁과 상당한 강도의 노동을 감수해야 하죠. 변호사, 회계사, 의사, 공학 관련 전문직 노동자들이 여기에 해당합니다.

반면 공공성이 강한 업무라서 시장에만 맡겨 둘 수 없어 국가가 관리하는 분야의 전문직 노동자들이 있습니다. 이들 역시 다른 분야의 노동자들에 비해 좀 더 나은 대우를 받지만 엄청나게 높은 임금을 받지는 못합니다. 학교의 교원, 사회 복지사, 직업군인 등이 여기에 해당합니다. 대신 노동 기간 동안 경쟁 탈락의 위험이 적고, 퇴직 뒤 연금 등의 보장을 제공받기도 합니다.

신입 때부터 임금이 높다고 하니 전문직 노동자가 되면 좋겠다고 생각하겠지만 이 역시 공짜가 아닙니다. 전문직 노동자가 고용과 동시에 비교적 좋은 대우를 받는 까닭은 그 분야에서 일하기 위해 준비하는 과정이 어렵기 때문입니다. 준비 과정에서 이미 많은 시간과 노력, 돈을 쓰게 되죠. 쉽게 말하면 시간, 노력, 돈이 많이 들수록 임금도 올라간다고 볼 수 있습니다.

같은 전문직이라도 교사보다 변호사가, 변호사보다 의사가 연봉이 더 높습니다. 하지만 그 돈을 받기까지 투입해야 하는 시간과 비용을 계산해 보면 이해가 되기도 합니다. 마찬가지로, 같은 학교에서 근무하더라도 일반직 공무원보다 교사가 더 많은 임금을 받습니다. 그 자격을 획득하고 유지하는 데 들어가는 비용이 더 크기 때문입니다.

물론 이런 비용은 일반적인 소비와 달리 미래의 결실(높은 임금이나 사회적 지위, 보람 등)을 기대하며 투자하는 돈입니다. 노동자는 일종의 1인 기업입니다. 노동력이라는 상품을 시장에 제공하는 기업이죠. 따라서 자기 노동력의 가치를 높이기 위해 들이는 돈은 투자라고 볼 수 있습니다. 당연히 미래에 기대하는 임금이나 편익이 높을수록 그 직업을 얻기 위해 들여야 하는 투자 비용도 커지기 마련입니다.

초등학교 때부터 의대 준비 합리적일까?

요즘에는 공부를 좀 잘하는 학생들은 대부분 의사가 되려고 합니다. 전국의 의대, 치대가 정원을 모두 채운 뒤에야 이른바 명문 대학의 다른 학과 지원자들이 나타납니다. 심지어 초등학교 때부터 미리미리 의대 입시를 준비해야 한다며 사교육비를 들이는 집도 있습니다. 과연 합리적인 선택일까요? 한번 계산해 봅시다.

자녀가 의사가 되기를 바라는 부모들의 바람은 높은 소득 외에 사회적 지위나 혜택 등 다양한 가치에 있을 겁니다. 이런 부모들의 바람을 다음과 같은 공식으로 정리해 볼 수 있습니다.

(DR - LR)/EC≥1

DR: 의사가 되면 기대할 수 있는 소득

LR: 최저 임금 노동자의 소득

EC: 의사가 되기 위해 투입된 교육비, 학업과 수련 시간 등의 비용

이 값이 1보다 의미 있게 크지 않으면 이 투자는 별로 현명한 투자라고 볼 수 없습니다. 더구나 자녀 교육에 대한 투자는 장기 투자입니다. 의사가 보통 높은 연봉을 받게 되는 시기는 최소 서른 이후입니다. 그러니 초등학교 때부터 고등학교까지 사교육비를 최대 12년 간 투자해야 하며, 다시 10년 이상을 배우고 수련해야 그 결실을 볼 수 있습니다.

물론 의사가 됨으로써 얻을 수 있는 편익이 반드시 돈에 있다고만 생각할 수는 없습니다. 의사라는 직업이 갖는 중요성만큼 이 직업을 통해 얻는 보람과 성취감도 높지요. 그리고 의사는 분명 우리 사회에서 존경받는 직업 중 하나입니다. 무엇보다 중요한 것은 의사라는 직업인 개인이 느끼는 만족도일 것입니다. 그러나 만약 선택의 기준이 본인의 의지와 적성이 아니라 사회적 지위와 남들의 평가, 혹은 전문직 노동으로 보장받게 될 수익이라면 어떨까요? 오랜 시간 고된 수련 과정 뒤에 얻는 결과가 남

보다 많은 소득뿐이라면, 그 소득이 어느 정도나 되어야 만족할 수 있을지도 진지하게 고민해 볼 문제입니다.

노동자의 권리

시장 경제의 관점에서 보면 노동자와 기업은 대등하게 노동력이라는 상품을 주고받는 관계로 이해됩니다. 노동자가 열심히 스스로 노동력의 가치를 높이면 기업은 정당한 임금으로 노동력을 사야 합니다. 노동자는 자신의 가치를 높이고 더 나은 조건을 요구할 수 있어야 하고, 사용자와 대등하게 임금이나 근로 조건을 협상할 수 있어야 합니다. 이를 위해 노동자와 기업은 **근로 계약서**를 작성합니다. 여기에는 임금, 노동 시간, 노동 환경 등 기업과 노동자가 합의한 내용이 기록됩니다. 어느 한쪽이라도 뜻이 다르면 계약서에 서명하지 않고 파기하면 그만입니다.

하지만 현실은 어떨까요? 기업가에 비해 노동자가 불리한 점이 많습니다. 그 이유는 대체로 기업가가 노동자 없이 생산을 멈추고 버틸 수 있는 기간이, 노동자가 임금 없이 버틸 수 있는 기간보다 길기 때문입니다. 게다가 노동자가 노동력을 발휘하기 위해 필요한 도구가 기업에 있는 경우가 많습니다. 가령 의사 같은 전문직이라 할지라도 비싼 의료 장비를 스스로 마련하지 않으면 상황에 따라 의료 기술을 발휘할 수 없기도 하죠.

따라서 노동자가 자신에게 불리한 조건의 계약서에 울며 겨자 먹기로 서명하는 일도 생기곤 합니다. 별다른 숙련된 기술이나 전문 지식이 없는 노동자일수록 더욱 그렇습니다. 실제로 산업 혁명 초창기에 단순노동을 하는 노동자들은 도저히 사람답게 살 수 없는 수준의 임금을 받고 하루 12시간 이상의 가혹한 노동에 시달렸습니다.

물론 오늘날에는 노동자를 보호하기 위해 국가가 개입하기도 합니다. 노동법이 그 사례인데, 노동법은 노동자의 생활을 향상하려고 만든 법규입니다. 하지만 법이란, 법을 아는 사람에게는 힘이 되지만 모르는 사람까지 찾아서 도와주지 않습니다. 그러니 여러분이 노동자로서 돈을 벌고자 한다면 노동법을 잘 알아 두기 바랍니다. 단, 그 전에 반드시 알아 둘 것이 있습니다. 만 19세 이하의 미성년자는 친권자(부모님)나 후견인의 동의를 받아야만 근로 계약을 체결할 수 있습니다. 그러니 부모님 몰래 아르바이트로 비상금을 모을 생각은 꿈도 꾸지 맙시다.

모든 노동자는 노동의 정당한 대가를 받고 인간다운 조건에서 일할 권리를 누려야 합니다. 노동자의 권리를 챙기기 위한 시작은 '근로 계약'입니다. 노동자가 임금을 받고 일한다고 해서 기업가나 사용자의 아랫사람이 되는 것은 아닙니다. 노동자와 사용자는 동등한 자격으로 노동과 임금을 주고받기로 계약한 관계일 뿐이죠. 이 약속을 명확하게 문서로 작성하여 서로 합의하고 서명하는 것이 근로 계약서입니다. 노동자의 권리를 누리려면 먼저 근로 계약서를 꼼꼼하게 살펴보아야 합니다.

예를 들어, 여러분이 커피 전문점에서 아르바이트하기로 했다고 합시다. 점장이나 사장이 근로 계약서 양식을 제시합니다. 거기에는 어떤 내용이 들어가야 할까요? 점장이 말하는 대로 받아 적고 서명하는 불상사를 피하려면 기준이 있어야 합니다. 우리나라는 그 기준을 **근로 기준법**이라는 법률로 정하여 노동자가 일방적으로 불리한 계약을 맺지 않도록 보호하고 있습니다.

노동자를 지키는 근로 기준법

근로 기준법은 기업가보다 불리하기 쉬운 노동자를 보호하는 법률로, 노동자에게는 가장 중요한 법입니다. 노동력을 사용하는 기업가(사용자)가 노동자를 함부로 대하거나, 계약보다 더 많은 노동을 요구하거나, 열악한 환경에서 일할 것을 강요하는 등 노동

봉제 공장 재단사로 일했던 스물두 살 전태일은
열악한 노동 환경을 세상에 알리면서
기업과 정부에 근로 기준법 준수를 요구했다.
청계천 전태일 다리 위 전태일 흉상과
영화 <태일이> 포스터.

자의 권리를 침해할 수 없도록 법으로 막고 있지요.

이 법은 임금을 받고 일하는 노동자라면 누구에게나 적용됩니다. 큰 회사나 공장도 아니고 패스트푸드점이나 카페, 편의점 같은 작은 가게에서 일하는데 근로 기준법을 알아야 할까요? 대수롭지 않게 생각할 수도 있지만, 근로 기준법은 모든 노동자를 위한 법이고, 직원이 다섯 명 이상인 작업장이라면 어디에나 근로 기준법이 적용됩니다.

노동 시간

먼저 얼마나 일할지 정해야 합니다. 하루에 몇 시간을 일할지, 일주일에 총 몇 시간을 일할지 결정합니다. 하루 여덟 시간, 일주일에 40시간이 기준입니다. 이 기준을 넘어 일하게 되면 사용자는 임금의 1.5배를 지급해야 합니다.

매일 몇 시부터 몇 시까지 일할지, 주당 몇 시간을 일할지 등을 구체적이고 명확하게 정해 두지 않으면 상황에 따라 합의 없이 더 많이 일할 수도 있고, 일한 시간보다 적은 임금을 받을 수도 있습니다. 법에 따르면 '근무 시간에 대한 조건'은 반드시 문서로 명시하게 되어 있습니다. 그러니 문서 없이 "매일 10시에 나와서 4시까지 일하다 가요."라고 말로만 정하고 넘어가려는 사용자가 있다면 반드시 문서를 요구해야 합니다.

임금

하루에 몇 시간, 일주일에 며칠을 일할지 정했으면 다음은 얼마를 받을지 결정합니다. 이 역시 문서로 된 근로 계약서에 명시해야 합니다. 보통 '월급'이라고 말하지만 임금을 계산하는 기본 단위는 한 달이 아니라 시간입니다. 그러니 시간당 임금을 얼마로 계산할지, 하루 여덟 시간, 주 40시간을 넘어가는 연장 근로나 주말, 공휴일의 특별 근로는 통상 임금보다 몇 퍼센트를 더 받을지 분명하게 정해 두어야 합니다. 모든 계약이 그렇듯, 일단 일을 시작하고 나서 조정하려 하면 늦습니다. 일을 시작하기 전에 분명하게 따져서 정해 두어야 불상사를 방지할 수 있고, 이것이 근로자와 고용자 모두에게 좋습니다.

우리나라는 법으로 최저 임금을 정해 두었습니다. 최저 임금은 아무리 적어도, 이 금액 아래로는 내려갈 수 없는 임금의 하한선입니다. 즉 불리한 조건에서 노동자가 터무니없이 낮은 임금을 받고 일하는 상황을 방지하는 것이죠. 최저 임금은 고정되어 있지 않고 해마다 새로 결정한 뒤 국가가 고시합니다. 따라서 근로 계약을 체결하기 전에 현재 법이 정한 최저 임금이 얼마인지 먼저 확인해야 합니다.

최저 임금이 시간당 1만 원이라고 가정해 봅시다. 그러면 시간당 1만 원 이하로는 근로 계약이 성립되지 않습니다. 가령 시간당 1만 원씩 받고 하루 여덟 시간씩 일주일에 5일을 일하기로 했다고 합시다. 임금은 매시간 지급하기 번거로우니 4주 단위로 지급하기로 합니다. 그럼 4주가 지나면 얼마를 받아야 할까요? 1만 원 곱하기 8은 8만 원, 여기에 다시 20일을 곱한 값인 160만 원일까요?

아닙니다. 여기에 32만 원을 추가해야 합니다. 일주일에 40시간을 다 채워서 일하면 하루의 유급 휴일을 주기로 법에 명시되어 있기 때문이죠. 따라서 일주일 중 5일을 풀타임으로 일하면 나머지 이틀 중 하루는 일을 안 하는 날이 아니라 일을 한 것으로 치는 유급 휴가입니다. 따라서 노동자는 일주일에 6일을 일한 것으로 계산하여 월급을 받을 권리가 있습니다.

휴게 및 휴가

이제 노동 시간과 임금에 대한 협상이 끝났습니다. 지금부터 출근해서 하루 종일 일하면 될까요? 아닙니다. 사람이 어떻게 하루 종일 쉬지 않고 일할 수 있나요. 노동자는 노동하는 사람이지 노동하는 기계가 아닙니다. 따라서 근무 시간 중의 휴식 그리고 휴가에 대한 조건을 확인해야 합니다.

법에는 노동자가 휴게와 휴가를 누릴 수 있도록 규정하고 있습니다. **휴게**는 근무 시간 중에 휴식을 취할 수 있는 시간입니다.

학교의 쉬는 시간과 비슷한 개념이죠.

법에 따르면 여덟 시간을 기준으로 적어도 한 시간 이상의 휴게 시간이 보장됩니다. 다만 휴게 시간은 근무 시간에 포함되지 않습니다. 그래서 하루 여덟 시간을 근무할 경우 9시에 출근해서 18시에 퇴근하게 됩니다. 보통 직장에서는 이 시간을 점심시간으로 씁니다. 이 시간은 임금이 계산되는 근무 시간에 포함되지 않기 때문에 일을 할 필요가 없는 시간입니다. 따라서 점심시간에 어떤 업무를 요구하거나, 상사가 점심 식사를 같이 하자고 요구할 수 없습니다. 점심시간은 노동자 개인의 완전한 자유 시간이니까요.

만약 점심시간에도 일을 해야 하는 직종이라면 17시에 퇴근하게 됩니다. 가령 학교 선생님들은 8시 30분에 출근해서 16시 30분에 퇴근합니다. 중간에 있는 쉬는 시간, 점심시간도 모두 일하는 시간으로 계산되니까요. 그 이유는 여러분이 잘 알겠지요? 쉬는 시간, 점심시간에 선생님께 상담을 요청하거나 질문한다고 해서 교사가 "지금은 휴게 시간이야."라고 말할 수는 없으니까요.

휴가는 휴무일 외에도 일을 하지 않고 쉴 수 있는 날을 말합니다. 휴가에는 유급 휴가와 무급 휴가가 있습니다. 유급 휴가는 출근하지 않아도 일한 것으로 간주하여 임금을 받을 수 있는 날입니다. 무급 휴가는 출근하지 않는 대신 임금을 받지 않는 날입니다. 일반적으로 직장인들이 휴가라고 말할 때는 유급 휴가를 뜻합니다.

노동자는 며칠의 유급 휴가를 보장받을까요? 법에 따르면 출근한 지 1년이 안 된 노동자와 1년 이상인 노동자가 다릅니다. 1년이 안 된 노동자는 한 달을 개근하면 1일의 유급 휴가를 받게 됩니다. 이것을 보통 **월차 휴가**라고 부릅니다. 월차 휴가는 쓰지 않고 1년 범위 안에서 모을 수 있습니다. 예를 들어, 여섯 달 동안 휴가를 쓰지 않고 계속 출근했다면 6일의 휴가를 모아서 한꺼번에 사용할 수도 있습니다.

근무한 지 1년이 지난 노동자는 연간 15일의 유급 휴가를 쓸 수 있습니다. 15일을 몰아서 써도 되고, 공휴일 사이사이에 하루씩 끼워서 써도 되고, 시간 단위로 잘라서 써도 됩니다. 이때는 여덟 시간을 하루로 계산합니다. 이 휴가를 **연차 휴가**라고 합니다. 이 휴가 규정은 법에서 정한 최소한입니다. 이 정도의 휴가는 반드시 보장하라는 기준이지, 휴가는 딱 이만큼만 주라는 뜻이 아닙니다. 따라서 휴가 조건이 이보다 더 좋은 직장도 있을 수 있습니다. 그러니 근로 계약을 할 때는 1년에 유급 휴가를 며칠 쓸 수 있는지 반드시 확인해야 합니다.

휴가는 법이 보장하는 노동자의 권리입니다. 따라서 휴가를 사용할 때 휴가 이유를 굳이 회사에 알릴 필요는 없습니다. 휴가

기한 내에서 "0월 0일부터 0일까지 휴가를 0일간 사용하겠습니다."라고 알려 주면 됩니다. 그리고 안타깝게도 법이 정한 휴가를 다 사용하는 경우는 많지 않습니다. 여러분의 부모님을 보십시오. 1년에 휴가를 며칠이나 쓰나요? 그런데 연차 휴가는 쉬어도 돈을 받는 휴가라서 다 쓰지 않으면 근로 계약상 일하기로 한 날보다 더 많은 날을 일한 것이 됩니다. 따라서 사용하지 않은 휴가일만큼 휴일 근무를 한 것이 되며, 사용자는 남은 휴가일만큼 통상 임금의 150%를 노동자에게 연차 수당으로 지급해야 합니다.

이처럼 노동자를 위한 꽤 많은 권익이 법으로 보장되어 있습니다. 하지만 아직 세상 경험이 많지 않은 젊은이들은 근로 기준법이 정한 조건들을 모르고 일하는 경우가 많습니다. 이런 점을 이용하여 노동자에게 불리한 조건의 근로 계약서를 작성하게 하는 사악한 고용주 있을 수 있습니다. 하지만 걱정하지 마세요. 근로 기준법은 고용주가 근로 계약을 맺을 때 노동자에게 임금, 근로 시간, 유급 휴가, 그 밖에 근로 조건을 분명하게 알려야 한다고 정해 두었고, 이 기준에 미달하는 근로 계약 내용은 무효로 한다고 정해 두었으니까요.

근로 계약 시 확인해야 할 요소

노동 시간

하루에 몇 시간,
일주일에 총 몇 시간을
일할지 미리 결정한다.

임금

시간당 임금과 연장
근로에 대한 금액을
정한다. 임금은
최저 임금 아래로
내려갈 수 없다.

휴게

근무 시간 중의 휴게와
휴가에 대한 조건을
확인한다.

6 돈 X 자산

재산과 자산,
같은 거 아니야?

돈과 자산의 차이는 뭘까?

자산이 왜 필요할까?

눈에 보이지 않는 아이디어도
자산이 될 수 있을까?

돈을 빌릴 수 있는 능력도
자산이라고?

#부동산 #금융_자산 #현금 #예금 #유가_증권
#무형의_자산 #금융_기관 #신용_등급 #빚 #부채

자산의 의미

우리가 노동 혹은 사업을 해서 벌어들인 소득을 다 쓸 수 있는 것은 아닙니다. 여기서 이런저런 세금이나 건강 보험 같은 것을 빼야 합니다. 소득에서 그렇게 뺄 것을 다 빼고 남은 것이 **가처분 소득**입니다. 개인의 의사에 따라 마음대로 쓸 수 있는 돈이라는 뜻이죠. 펑펑 다 써 버릴 수도 있고 아껴서 남길 수도 있고, 혹은 번 것보다 더 써서 빚더미에 올라앉을 수도 있습니다. 이건 각자의 선택입니다.

아무리 절약하더라도 어쨌든 소득 중 상당 부분은 재화나 서비스를 구입하는 데 쓰게 됩니다. 꼭 그런 것은 아니지만 대부분의 사람들은 대체로 소득보다 소비를 적게 해서 남기는 쪽을 선택합니다. 그리고 소득에서 소비하고 남은 부분을 저축하지요. 그런데 크게 보면 저축 역시 소비입니다. 다만 지금 당장의 소비가 아니라 미래의 소비를 위해 미루어 둔 소비입니다. 가령 20~30대 젊은 직장인의 저축은 대부분 결혼, 주택 마련처럼 미래에 있을 규모가 큰 소비를 위한 것이고, 40대 이후 직장인의 저축은 장차 은퇴하고 난 뒤의 소비를 위한 것입니다.

저축의 규모는 미래를 어떻게 보는가에 따라 달라질 것입니다. 만약 미래에 자신의 소득이 늘거나 적어도 지금 수준을 유지할 수 있다고 믿는 사람이라면 굳이 미래를 위해 많은 돈을 저축하려 하지 않을 것입니다. 오히려 지금 필요한 재화와 서비스를 구입하며 현재의 만족을 얻는 쪽을 훨씬 합리적인 선택으로 여길 것입니다. 하지만 미래의 불확실성을 불안하게 생각하는 사람이라면 현재의 소비를 줄이고 저축을 많이 하겠지요.

소비를 많이 하건, 저축을 많이 하건, 시간이 지날수록 소유는 늘어납니다. 무슨 말이냐고요? 소비를 많이 하면 가지고 있는 재화가 늘어날 테고, 저축을 많이 하면 가지고 있는 돈이 늘어날 테니까요. 이처럼 가지고 있는 재화와 돈을 합쳐서 **재산**property이라고 합니다.

우리는 흔히 소득이 많은 사람을 고소득자라고 하고, 재산이 많은 사람을 부자라고 합니다. 그런데 이건 정확한 표현이 아닙니다. 재산이 아무리 많아도 돈으로 바꿀 수 없으면 의미가 없기 때문입니다. 그래서 재산 중에 돈으로 바꿀 수 있는, 즉 가치가 있는 것들을 따로 분류해야 합니다. 그것이 바로 **자산**asset입니다.

근대 이전에는 소유의 목적이 사용에 있었습니다. 그래서 식량, 옷감 등 쓸 물건이 많은 사람이 부자였습니다. 재산가가 곧 부자인 것이죠. 하지만 자본주의 사회에서는 모든 필요한 재화와 서비스를 시장에서 돈을 주고 구입합니다. 그러니 돈 혹은 돈과 교환할 수 있는 것을 많이 가진 사람이 부자입니다. 재산은 소득을 소비해서 얻은, 우리가 사용할 수 있는 재화들이 쌓인 것이고, 자산은 소득을 소비해서 주식이나 부동산 같은 돈으로 바꿀 수 있는 재화들이 쌓인 것입니다. 따라서 자산의 가치를 돈으로 환산했을 때 구입할 당시 가격보다 비싸다면 수익이 발생한 것으로 볼 수 있습니다.

재산의 목적은 사용에 있는 반면, 자산의 목적은 수익에 있습니다. 가령 책을 수천 권 보유한 사람이 있다고 합시다. 이 사람이 수천 권의 책을 부지런히 읽는다면 책은 재산입니다. 하지만 이 책이 희귀본이라서 나중에 비싸게 팔 수 있을 것을 기대하고 구입했다면, 그래서 어떤 책은 포장도 뜯지 않고 보관하고 있다면 이 책은 자산이 될 수 있습니다.

자산이 왜 필요할까?

돈을 벌고, 필요한 물건을 사서 쓰고, 남는 돈은 저축하면서 살면 되지 왜 자산을 모아야 할까요? 우리 바람과 달리, 소득이 평생 유지되지 않기 때문입니다. 소득은 나이를 먹을수록 점점 줄어들기 마련입니다. 개인마다 다르지만 대체로 40~50대에 가장 높았다가 60대 이후에는 점차 떨어집니다. 사람은 누구나 평생 일할 수 없습니다. 이르건 늦건 결국 언젠가는 은퇴를 하게 되고, 은퇴하면 소득이 줄어드는 것은 당연합니다.

미리 저축해 두면 되지 않냐 반문할 수 있습니다. 문제는 저축 가능 기간이 점점 짧아지고 있다는 사실입니다. 1998년에만 해도 대졸 신입 사원의 평균 연령이 25세였는데, 2020년에는 30세까지 늦춰졌습니다. 그렇다고 정년이 연장된 것도 아니니 저축 가능 기간만 5년 줄어든 셈입니다. 물론 취직 전에도 어떤 형태로든 일을 했겠지만 쓰고 남은 돈을 저축할 만큼 임금이 높은 사람은 그리 많지 않을 것입니다.

만약 30세에 저축이 가능한 일자리를 얻어 꾸준히 근로 소득을 쌓다가 60세에 퇴직을 한다면, 남은 시간을 저축한 돈으로 살아야 한다고 예상할 수 있습니다. 1998년 우리나라의 기대 수명은 평균 80세였는데, 지금은 85세까지 늘어났습니다. 즉 저축이 가능한 기간은 줄어들고, 저축액으로 살아야 할 기간은 늘어나고 있는 셈이죠. 대략 30년의 저축으로 25년을 살아야 합니다. 그런데 기초 연금이나 국민연금 같은 공적 연금의 소득 대체율은 30%를 넘기기 어렵습니다. 즉 한 사람이 생애 평균적으로 받던 소득 대비 연금 수령액은 3분의 1도 되지 않는다는 뜻이죠. 그러니 은퇴 뒤에 은퇴 전 소득의 절반 수준이라도 유지하려면, 평소에 소득의 20%를 꾸준히 저축해야 한다는 계산이 나옵니다.

그러나 안타깝게도 2022년 기준 우리나라 국민의 평균 저축률은 대략 소득의 6%에 불과합니다. 경제 활동 기간인 약 30년간 6%를 꾸준히 모아도 은퇴 이후 30년을 더 살게 된다면, 이전 소득의 30% 정도인 연금에 저축 6%를 보태어 본들 40%를 넘기기 어렵습니다. 즉 중산층의 절반이 은퇴 뒤에 빈곤층이 될 수 있다는 뜻입니다.

소득이 절반 이하로 줄어든다면 가진 것 중 가치 있는 것을 팔거나 활용해서 돈을 벌어야 합니다. 그것이 바로 자산입니다. 따라서 갈수록 길어지는 은퇴 이후의 삶과 앞으로 어떤 일이 일

우리나라는 65세 이상 인구 비중이
18%가 넘는 고령 사회다.
2025년에는 20%를 넘겨 초고령 사회로
진입할 것으로 전망된다.
노인 빈곤 문제를 해결하기 위한
사회적 논의가 시급한 이유다.

어날지 모르는 인생의 불확실성이라는 특성 때문에라도 소득이 넉넉할 때 되도록 많은 자산을 축적해 놓을 필요가 있습니다.

그렇다면 자산에는 어떤 것들이 있을까요? 자산은 실제 물건으로 존재하는 것과 돈 혹은 돈에 대한 권리로 존재하는 것, 그리고 아이디어나 창작물 같은 것으로 존재하기도 합니다. 좀 더 구체적으로 알아봅시다.

실물 자산과 금융 자산

실물 자산은 실제 물건, 즉 형체가 있는 자산입니다. 소유하고 있는 물건 중 돈을 받고 되팔 수 있다면 뭐든 다 실물 자산으로 볼 수 있습니다. 즉 중고로라도 팔 수 있으면 실물 자산입니다. 사용하기 위해 구입한 것이 아니라 미래 자산으로서 가치를 생각하고 구입했다면 나중에 오히려 더 비싼 값에 되팔 수도 있습니다.

실물 자산은 이동 가능성에 따라, 움직일 수 있는 동산과 움직일 수 없는 부동산으로 분류합니다. 예를 들어 보석, 자동차, 골동품 등은 **동산**입니다. 동산은 모양이나 성질 따위를 바꾸지 않고 옮길 수 있는 재산을 말합니다. **부동산**은 움직여 옮길 수 없는 재산, 즉 토지나 주택, 공장, 건물 따위입니다.

반면, **금융 자산**은 실물 자산이 아닌 자산을 말합니다. 즉 돈 혹은 돈과 바꿀 수 있는 것들이죠. 여기에는 현금, 예금, 그리고 각종 유가 증권이 포함됩니다. 실물 자산은 돈으로 바꿀 수 있는 가치가 있으면서 동시에 사용할 수도 있는 물건들이지만, 금융 자산은 사용할 수 있는 자산이 아니고, 오직 돈과 바꿀 수 있는 가치만 있습니다.

예금

금융 자산 중 가장 기본이 되는 것이며 가장 많은 사람이 가지고 있는 자산 형태입니다. 많은 돈을 현금 상태로 보관하는 사람은 거의 없습니다. 대부분은 돈을 은행에 맡기는데, 이렇게 은행에 예치한 돈이 예금입니다. 은행은 사람들이 맡긴 예금을 돈이 필요한 개인이나 기업에 빌려주고 이자를 받습니다. 그리고 그 이자의 일부를 예금주에게 예금 이자라는 형태로 돌려주지요. 예금에는 예금주가 필요할 때 언제든지 찾아갈 수 있는 **요구불 예금**과, 일정한 기간 동안 찾지 않고 맡겨 두는 **저축성 예금**이 있습니다. 요즘은 돈을 가지고 다니지 않고 신용 카드나 각종 모바일 페이 형태로 결제하기 때문에 사실상 요구불 예금이 현금이나 다름없다고 볼 수 있습니다.

증권

금융 자산의 다른 형태인 증권은 재산상의 권리를 표시한 문서입니다. 증권의 종류는 매우 다양합니다. 어떤 권리든 문서로 표시하여 거래하면 증권이니까요. 가령 백화점 상품권도 증권입니다. 하지만 우리가 보통 증권이라고 부르는 것은 채권과 주식입니다. 채권과 주식은 상품처럼 사고팔 수 있는 증권인데, 이를 **유가 증권**이라고 합니다. 유가 증권에는 채권, 주식 말고도 어음이나 수표도 포함되는데, 주로 채권과 주식이 가장 많이 거래됩니다.

채권

채권은 기업이나 정부에 돈을 빌려준 뒤 원금 상환 기한과 지급하기로 한 이자를 표시한 증권입니다. 개인이 채권을 매입해 가지고 있으면 표시된 만기 날짜에 원금을 받을 수 있고, 만기가 되기 전까지는 표시된 이율만큼 이자를 받을 수 있습니다. 채권은 발행 주체에 따라 국가나 공공 기관이 발행한 **국공채**, 일반 기업이 발행한 **회사채**가 있습니다. 채권의 발행 과정은 다음과 같습니다. K상사라는 기업이 있다고 합시다. 이 기업이 불특정 다수로부터 100억 원을 빌려 사업을 확장하려 합니다. 이를 위해 K상사는 액면가 1,000원 만기 5년, 표지 이율 연 5%

짜리 회사채를 1,000만 장 발행할 수 있습니다. 만약 여러분이 K상사의 채권을 100장 구입해서 보유하고 있으면, 5년간 매년 5,000원의 이자를 받을 수 있고 5년 뒤에는 원금 10만 원을 돌려받게 됩니다. 만약 1만 장을 구입했다면 매년 이자를 50만 원씩 받고 5년 뒤에 원금 1,000만 원을 돌려받겠죠.

주식

주식은 주식회사가 회사 자본에 대한 지분을 표시한 증권입니다. **주식회사**는 불특정 다수에게 주식을 팔아 자본을 구성한 회사입니다. 만약 K상사가 주식회사이고 자본이 50억에, 회사 주식의 액면가가 5,000원이라면, 이 회사가 액면가 5,000원짜리 주식 100만 장을 팔아 자본을 조성했다는 뜻입니다. 예를 들어 여러분이 K상사의 주식을 100장을 가지고 있으면 이 회사의 0.01%짜리 주인이고 2만 장을 가지고 있으면 2%만큼의 주인인 셈입니다. 이렇게 주식을 소유함으로써 어떤 회사의 지분을 가진 사람을 **주주**라고 합니다. 0.01%짜리 주주는 그 회사에 대해 그만큼의 권리를 가지고, 2%짜리 주주는 그만큼의 권리를 가집니다. 이 권리에는 주주 총회에서 실현할 수 있는 의결권, 그리고 회사의 이익에서 해당 비율만큼 현금이나 주식으로 배당을 받아 갈 수 있는 권리가 포함됩니다. 물론 회사가 적자를 보면 배당금이 없을 수도 있습니다.

무형의 자산

실물 자산은 실제 재화의 형태로 존재하고, 금융 자산도 거기 대응하는 화폐가 있습니다. 하지만 실물도 화폐도 없는 그야말로 완전 무형인 자산도 있습니다. 무형의 자산 중에 가장 대표적인 것이 **지적 자산**입니다. IP(Intellectual Property)라고도 하는 지적 자산은 어떤 상품이나 기술에 대한 아이디어, 지식, 혹은 디자인에 대한 아이디어 같은 것을 말합니다. 즉 생각으로 존재하는 자산입니다.

물론 모든 생각이나 아이디어가 자산이 되는 것은 아닙니다. 장차 어떤 재화나 서비스에 반영되어 많은 편익을 발생시킬 수 있는 생각이 지적 자산입니다. 정보 통신의 혁명 이후 인터넷, 인공 지능 등이 발전하면서 지적 자산의 중요성은 갈수록 커지고 있습니다. 그런데 지적 자산이 될 수 있는 생각이나 아이디어가 처음부터 그럴듯한 것은 아닙니다. 때로는 시시하게 들리는 생각이 점차 발전하여 엄청난 혁신의 동력이 되기도 합니다. 만약 여러분에게 참신한 아이디어가 있다면 대수롭지 않게 생각하지 말고 조금씩 발전시켜 나가길 바랍니다. 미래의 든든한 자산이 될 수도 있으니까요.

그리고 새로운 아이디어를 여러 사람에게 드러낼 때는 반드시 아이디어의 주인이 누구인지 표시하길 바랍니다. 증거를 남겨 권리를 확보해 두는 것이죠. 지적 자산의 권리를 확보하는 가장 강력한 방법으로는 특허나 실용 신안 신청이 있습니다.

또 다른 무형의 자산으로는 **신용**이 있습니다. 신용이란 경제생활을 하면서 돈을 빌린 후 약속한 기한에 갚을 수 있는 능력을 의미합니다. 신용이 자산이 되는 까닭은 돈을 갚을 수 있는 능력이 클수록 빌릴 수 있는 돈의 액수가 커지기 때문입니다. 돈을 빌리는 것이 빚을 진다는 의미로 들릴 수 있습니다. 하지만 돈을 빌릴 수 있는 능력이 크면 그만큼 더 많은 돈을 쓸 수 있기 때문에 신용 역시 중요한 자산입니다. 신용 점수가 낮으면 돈을 빌리기 어려워질 뿐 아니라 심한 경우엔 신용 카드 사용에도 제한이 생길 수 있습니다.

신용 등급에는 1등급에서 10등급까지 있는데, 신용이 1등급이면 은행에서 대출받을 때 심사 절차가 간소해지고, 심지어 은행 앱으로 쉽게 대출받을 수도 있습니다. 대출 이자도 더 낮게 책정되지요. 신용 카드 사용 한도액도 더 높습니다. 반면 신용 등급이 6등급 아래로 내려가면 사실상 제1 금융권에서는 대출

AI가 만든 창작물에도 저작권이 있을까?
2023년 8월 미국 워싱턴D.C 지방 법원은 AI가 만든 예술품은
저작권 보호를 받을 수 없다고 판결했다. 하웰 판사는 "사람의 창의성이
개입한 작품이어야 저작권을 인정받을 수 있다."라고 설명했다.
AI가 그린 '행복한 고양이'의 다양한 결과물.

이 어려워집니다.

제1 금융권이 뭘까요? 우리나라의 금융 기관 중 예금 은행을 지칭하는 용어로, 특수 은행, 일반 은행, 지방 은행, 외국계 은행, 인터넷 전문 은행 등입니다. 여러분이 알고 있는 대부분의 은행이 제1 금융권에 들어간다고 이해해도 됩니다. 이 은행들과 거래가 안 된다는 것은 쉽게 말하면 신용 카드도 발급받을 수 없다는 뜻입니다.

신용 등급은 정부에서 심사하는 것이 아니라 신용 평가 회사에서 하는데, 우리나라에는 NICE와 KCB 두 회사가 있습니다. 신용 등급을 산정하는 방식은 기업의 영업 비밀이라 공개되지 않습니다. 하지만 다음 수칙만 잘 지키면 신용이라는 여러분의 소중한 자산을 잘 관리할 수 있습니다.

2023년 기준 제1 금융권 은행 목록

구분	특수 은행		일반 은행			
특징	국책 은행	특수 법인	상업 은행	지방 은행	외국계 은행	인터넷 은행
관련 은행	한국은행 수출입은행 KDB산업은행 IBK기업은행	Sh수협은행 NH농협은행	KB국민은행 신한은행 우리은행 KEB하나은행	부산은행 경남은행 대구은행 광주은행 전북은행 제주은행	SC제일은행 씨티은행	카카오뱅크 케이뱅크 토스뱅크

✦ 금융 기관으로부터 돈을 빌리면(신용 카드 사용 포함) 지정된 날짜에 반드시 갚는다.

✦ 소득에 비해 과도한 빚을 지지 않는다.

✦ 짧은 기간에 돈을 빌리거나 신용 카드로 많은 돈을 사용하지 않는다.

✦ 돈을 여러 종류의 금융 기관에서 빌리지 않는다.

위의 수칙 중 네 번째 항목은 가령 은행에서 빌린 돈을 신용 카드사에서 빌려서 갚고, 신용 카드사에서 빌린 돈은 다시 제2금융권에서 빌려서 갚는 방식으로, 일명 '돌려막기'라고 합니다. 이렇게 돌려막다 보면 신용 점수가 뚝뚝 떨어진다는 뜻이죠. 위 네 가지만 피하면 신용 등급을 안전하게 관리할 수 있습니다.

7 돈 X 투자

자산을 늘리는 방법이 궁금해

자산 투자는 무엇이고 어떻게 하는 걸까?

여윳돈은 어떻게 만들까?

투자랑 투기는 무엇이 다를까?

손해를 보지 않고 투자하는 방법은 뭘까?

#여윳돈 #투자 #수익 #위험 #유동성
#균형_있는_투자 #모험_투자 #부동산_투자

자산 투자 시 고려할 것들

우리는 앞에서 소득의 6%를 저축하는 것만으로는 미래를 장담할 수 없다는 얘기를 나눴습니다. 결국 우리는 가능한 한 자산을 많이 모아야 하고, 단지 모으기만 해서는 안 되고 시간이 지날수록 자산의 가치가 늘어날 수 있도록 추가 수익을 거두어야 합니다.

가치가 늘어나 수익을 올릴 것을 기대하고 재화나 금융 상품을 구입하는 것을 **자산 투자**라고 합니다. 자산 투자는 어떤 재화를 사용하기 위해서가 아니라 샀던 가격보다 더 비싸게 팔기 위해 구입하는 것입니다. 이 차액이 바로 **수익**입니다. 하지만 무조건 수익만 노린다고 돈을 벌 수 있는 것은 아닙니다. 돈을 벌고 싶은 마음만큼 돈을 벌 수 있다면 세상에 부자가 아닌 사람이 있을까요? 우리는 돈과 경제에 있어서 이른바 '제1 법칙'을 명심해야 합니다. 즉 세상에 공짜는 없다는 사실입니다. 어떤 편익을 얻으려면 그 대가로 기회비용을 치러야 하지요.

그런 의미에서, 자산 투자로 수익을 얻기 위해 치러야 할 대가가 바로 **위험**입니다. 여기서 위험은 손실의 가능성을 말합니다. 쉽게 말해서 돈을 까먹거나 날릴 가능성이죠. 자산의 가치가 구입했을 때보다 더 떨어지거나, 아예 가치가 사라져 0원이 되는 상황이 올 수도 있으니까요.

투자 위험은 투자 수익의 그림자처럼 따라다닙니다. 키가 크면 그림자도 길듯이 수익이 크면 위험도 큽니다. 이를 일컫는 말로 흔히 '하이 리스크, 하이 리턴high risk, high return'이라고 합니다. 많이 벌고 싶다면 더 큰 위험을 감수해야 한다는 뜻이죠. 반대로 손실 위험을 감수하기 싫으면 수익을 많이 낼 생각도 하지 말라는 뜻이기도 합니다.

그렇다면 투자할 때 수익과 위험 중 무엇을 더 중요하게 고려해야 할까요? 그것은 투자자 개인이 처한 상황, 그리고 투자하려는 돈이 가진 성격에 따라 달라집니다. 각자 상황에 따라 어느 정도까지 위험을 감수할 것인지 범위가 결정되는데, 대략 다음

공짜 점심은 없다.

There ain't no such thing as a free lunch.

미국의 경제학자 밀턴 프리드먼이
경제학을 여덟 단어로 표현하면서 유명해진 말이다.
모든 것에는 대가가 따르기 마련이라는,
경제의 기본 원칙인 기회비용에 대한 의미로 인용되고 있다.

세 가지 상황 중 하나일 것입니다.

당장 사용하지 않지만 생계를 위해 곧 쓰게 될 돈

이 경우에는 수익성을 높이는 것보다는 위험성을 줄이는 쪽이 우선되어야 합니다. 가령 생활비가 그렇습니다. 언제 갑자기 큰돈이 들어갈 일이 생길지 알 수 없지요. 그래서 월급의 3개월에서 4개월 분량의 돈은 확보해 두고 있어야 합니다. 그래도 이 돈을 그냥 두면 아까우니 약간의 수익이라도 챙기기 위해 투자를 고려해 볼 수는 있습니다. 다만 수익은 크지 않아도 손실 위험이 적은 투자처를 고려해야 합니다. 이 돈에서 손실을 겪으면 생활이 어려워질 수 있으니까요. 이런 경우 기대할 수 있는 수익은 은행 예금의 기본 이자처럼 낮은 수준의 이익입니다.

상당 기간 사용하지 않아도 되는 여윳돈

저축을 꾸준히 하다 보면 목돈이 쌓이고, 몇 년 이내에 사용할 일이 없는 여윳돈을 마련할 수 있습니다. 투자했다가 잃게 되면 속상하겠지만 그렇다고 생계에 지장이 생기는 돈은 아닙니다. 그러니 위험을 어느 정도 감수하고 높은 수익을 노려 볼 만합니다. 쓰고 싶은 거 안 쓰고, 먹고 싶은 거 안 먹고 오랜 세월 모아 온 돈일 테니, 감수할 수 있는 위험이 어느 정도 수준인지 미리 정해 두는 것이 좋습니다. 이건 투자자 성향에 따라 다릅니다. 그래서 금융 기관에서는 '투자 성향 검사'라는 서비스를 제공하기도 합니다. 투자자의 투자 성향에 맞춰 금융 투자 상품을 제안하지요. 저축으로 모은 여유 자금을 투자할 때는 반드시 투자 성향 검사를 받고 자신이 어느 정도의 위험을 감수할 수 있는지 확인한 뒤 신중하게 투자하기 바랍니다.

모험을 걸어도 되는 돈

여유 자금 중에는 스스로 모은 돈이 아닌 그야말로 있어도 그만 없어도 그만인 돈이 있습니다. 세상에 그런 돈이 있긴 한 걸까 의문이 들 수 있습니다. 가령 일을 해서 모은 돈이 아니라 투자를 해서 얻은 이익이라면 조금은 가볍게 생각할 수 있겠죠. 또 기대하지 않았던 유산을 상속받았거나 재산을 증여받거나, 혹은 로또에 당첨되어 뜻하지 않은 자금이 생겼을 수도 있습니다. 간혹 스스로 모은 여유 자금이라도 그 규모가 워낙 커서 일부는 잃어도 좋다는 마음으로 투자할 수도 있습니다. 이런 돈은 좀 더 과감하게 투자해 볼 수 있습니다. 경우에 따라 원금의 30~40% 손실을 보더라도 위험을 감수해 보는 것입니다. 그렇다고 해서 '대박 아니면 쪽박' 식의 무모한 투자는 바람직하지 않습니다. 투자는 투기가 아니니까요.

통계청의 2023년
가계 금융 복지 조사에 따르면,
우리나라는 가계 자산 중 부동산 같은
실물 자산 비중이 75%에 달할 정도로
매우 높다. 은퇴 후 유동성 위기에
빠질 위험이 크다고 전문가들이
우려하는 이유다.

끝으로, 자산을 투자할 때 수익성과 위험성 외에도 고려해야 할 것이 바로 **유동성**입니다. 유동성은 자산의 현금화 가능성을 말합니다. 자산의 가치가 아무리 높더라도 쉽게 돈으로 바꿀 수 없다면 정작 필요할 때 돈으로 사용하기 어렵습니다. 투자는 결국 돈을 벌자고 하는 것입니다. 그러니 아무리 수익성이 높아도 막상 돈으로 바꾸기 어렵다면 성공적인 투자라고 할 수 없지요. 가령 부동산 투자로 큰돈을 벌 수 있다고 해서 자금을 몽땅 부동산에 투자하는 행동은 무모합니다. 부동산은 유동성이 매우 낮은 자산이기 때문입니다. 따라서 유동성이 낮은 자산에 빚을 내서 투자하거나, 생활비처럼 조만간 사용해야 할 돈을 투자하는 일은 신중해야 하고 가급적 피하는 것이 좋습니다.

균형 있는 투자를 위하여

앞에서 살펴본 것처럼 자산 투자는 수익성, 위험성, 유동성을 모두 고려하여 신중하게 선택해야 합니다. 이를 두고 투자의 고수들은 흔히 '자산을 세 개의 주머니에 나누어 담으라.'라는 격언으로 표현하기도 합니다.

첫 번째, 저축 주머니

저축 주머니는 쓰고 남은 돈을 담는 곳입니다. 저축을 늘리는 방법은 간단합니다. 소비를 줄이면 됩니다. 그렇다고 무작정 돈을 쥐고 절대 쓰지 않는 구두쇠가 되라는 말은 아닙니다. 편익과 비용을 잘 고려하여 꼭 필요한 재화와 서비스를 꼭 필요한 만큼만 계획적으로 소비하라는 말입니다.

일단 나의 한 달 소득과 지출 내역을 기록하고, 이 중 꼭 필요한 지출과 굳이 필요하지 않은 지출을 분류해 봅니다. 이른바 '지름 신'이 씌었다고 말하는 건 자랑이 아닙니다. 어떤 물건이나 서비스를 구입하고 싶을 때는 반드시 두 번, 세 번 생각해 보기 바랍니다. 두 번, 세 번 생각해도 살지 말지 고민이 된다면 살 필요가 없는 것입니다.

사실 사회 초년생에게는 저축 주머니 하나만 있어도 충분하다고 할 수 있습니다. 투자는 저축 주머니가 어느 정도 차고 넘치면 그때 시작해야 합니다. 보통은 3~4개월 동안 수입이 없더라도 현재 수준으로 생활할 수 있을 정도의 저축이 쌓이면, 그때부터 남는 돈을 여유 자금으로 생각하고 투자해 볼 수 있습니다. 여기서 말하는 '현재 수준의 생활'은 사람마다 다르고 상대적입니다. 현재 소비 생활이 계획적이고 균형 있다면 저축 주머니가 금방 찰 것이고, 생각 없이 마구 소비하는 주먹구구식이라면 절대로 채워지지 않아 여윳돈도 마련되지 않겠지요.

두 번째, 자산 증식 주머니

저축 주머니가 어느 정도 차고 3~4개월 정도 수입이 없더라도 생활을 유지할 수 있는 여유가 생기면 여유 자금을 확보했다고 볼 수 있습니다. 여유 자금으로 사치품을 살 수도 있지만, 사회 초년생이라면 투자하여 자산을 불리는 쪽이 현명합니다.

이때 저축 주머니와 자산 증식 주머니는 처음부터 분리해 두는 것이 좋습니다. 예를 들어 월급처럼 정기적으로 수입이 들어오고 카드 대금이 빠져나가는 입출금 통장과, 투자 자금을 운용하는 통장을 따로 두는 것입니다. 입출금 통장에 3~4개월 생활비 정도의 여유 자금이 쌓이면 그 이상의 추가 자금은 자산 증식 주머니인 다른 통장으로 옮깁니다. 여기에 모은 돈은 처음에는 위험성이 낮은 자산에 투자하고, 어느 정도 수익이 생기면 위험성이 낮은 투자 상품과 어느 정도 위험성이 높은 고수익 투자 상품에 분산 투자합니다.

가능하면 다양한 상품에 분산 투자하여 위험 부담을 줄이는 것이 좋습니다. 여러 곳으로 투자를 분산하면 위험성은 확실히 떨어지지만, 대신 수익률도 낮을 수 있습니다. 개인마다 투자 성향에 차이가 있지만 젊을 때는 7:3 정도의 비율로 안정성에 중심을 두고, 자산이 늘어나면 서서히 5:5 정도까지 늘려 가기를 추천합니다.

세 번째, 모험 투자 주머니

이 주머니는 투자 수익금을 재투자하는 주머니입니다. 투자 수익금은 어떻게 보면 거저 생긴 돈이기 때문에 사치품을 구입하거나 꿈에 그리던 비싼 차를 사거나 여행을 가는 데 사용할 수도 있습니다. 하지만 그렇게 다 써 버리기보다는 다시 투자해서 자산을 늘려 보기를 추천합니다. 이처럼 투자 수익분을 재투자하여 추가 수익을 거두는 것을 **복리 투자**라고 합니다.

복리 투자에는 보통 72 법칙이 적용됩니다. 투자의 연 수익률을 72로 나누면 원금이 두 배가 되는 데 걸리는 시간을 알 수 있다는 공식입니다. 가령 여유 자금 2,000만 원을 연 이율 4%짜리 채권에 투자했다고 생각해 봅시다. 여기서 나오는 이자를 모두 같은 채권에 재투자하고, 그 재투자에서 나온 이자도 계속 재투자한다면 어떻게 될까요? 간단히 계산해 보면 72/4=18이니까, 18년 만에 원금이 두 배가 되는 것을 알 수 있습니다.

이자를 꼭 같은 자산에 투자할 필요는 없습니다. 좀 더 높은 수익을 노리고 모험적인 투자를 할 수도 있습니다. 이 세 번째 주머니는 안정성과 모험성의 비율을 3:7로 해도 괜찮습니다. 큰 수익을 기대하며 모험을 걸어 보는 겁니다. 설사 손실을 보더라도 어차피 사치품 소비로 써 버릴 수 있는 돈이니까 값비싼 투자 수업을 받았다고 생각해도 괜찮습니다.

8 돈 X 부동산과 금융

실물 자산과
금융 자산에 투자하기

나도 직접 투자해 볼까?

부동산은 알 것 같은데, 동산은 뭘까?

은행 이자와 주식 수익은 어떻게 다를까?

펀드 매니저는 무슨 일을 할까?

ETF와 리츠의 차이는 뭘까?

#투자 #선물 #예금 #채권 #주식 #배당금
#파생_상품 #펀드 #ETF #리츠

실물 자산 투자

지금까지 자산 투자의 원칙을 알아봤으니 이제 투자해 봅시다. 자산에는 실물 자산과 금융 자산이 있다고 했습니다. 먼저 실물 자산에 투자해 보기로 하겠습니다.

동산 투자

동산입니다. 동산은 쉽게 말하면 부동산 외의 물건을 말합니다. 부동산에 비해 동산이라는 용어가 낯설게 느껴질 겁니다. 사실 부동산은 뉴스에도 자주 나오는 말이고 가깝게는 여러분이 사는 동네만 둘러보아도 곳곳에 부동산 사무실이 있으니까요.

좀 더 풀어서 말하면 동산은 형상, 성질 따위를 바꾸지 않고 옮길 수 있는 재산을 말합니다. 돈, 귀금속이나 온갖 물건 따위입니다. 흔히 투자 목적으로 동산을 구입하는 경우는 많지 않습니다. 동산은 대체로 쓰기 위해 구입하고, 또 사용하거나 시간이 지나면 닳거나 변하여 가치가 떨어지기 때문입니다.

하지만 시간이 지나도 가치가 떨어지지 않는 동산도 있습니다. 가장 대표적인 것이 골동품, 미술 작품 같은 것들입니다. 물론 사회 초년생이 투자 목적으로 구입하기란 쉽지 않습니다. 하물며 돈이 많더라도 골동품이나 미술 작품을 투자 목적으로 구입하려면 해당 분야에 상당한 수준의 안목을 쌓아야 합니다. 당연히 이런 안목은 하루아침에 만들어지지 않지요. 돈과 시간을 들여야 합니다. 공부라는 추가적인 투자가 필요합니다.

다만 화폐 가치가 떨어지고 물가가 계속 오르는 인플레이션 상황을 대비하여 투자 목록에 동산을 담아 두기도 하지요. 인플레이션 상황이라면 실물 자산에 비해 돈의 가치가 떨어지기 때문에 동산의 투자 가치가 올라갑니다. 물가가 오르면 투자자들 사이에 동산 투자에 대한 관심이 높아지는 이유입니다.

또 동산 투자 중에는 현물이 아니라 **선물**에 투자하는 경우도 있습니다. 여기서 선물은 우리가 생일에 친구와 주고받는 선물이 아닙니다. 현물은 지금 존재하는 물건인 동산을 돈을 주고 사

오래된 책과 문서가 자산이 되기도 한다.
세계 최고 경매 회사로 손꼽히는
소더비Sotheby's도 시작은 책 경매였을 정도다.
고문서 경매는 전 세계적으로 화제가 되기도 하는데,
2024년에는 초콜릿에 관한
가장 오래된 책으로 알려진 400년 된 책이
포르투갈 경매에 등장하기도 했다.
가격은 2,000유로,
우리 돈으로 대략
300만 원에 경매에 올랐다.

는 것입니다. 반면 선물은 미래의 동산을 미리 구입하는 개념입니다. 조금 어렵게 느껴질 수 있습니다. 동산은 수요, 공급, 유통 과정에서 변수가 생기면 시세가 쉽사리 변하기 때문에 지금 가격이 미래에도 유지된다는 보장이 없습니다. 그래서 미래에 A라는 동산의 가격이 떨어질 거라고 판단된다면, A라는 동산을 미래의 어느 시점에 지금 가격으로 팔 수 있는 권리를 사는 것이 선물입니다. 반대로 미래에 가격이 올라갈 거라고 판단했다면 지금 가격으로 구입할 권리를 살 수도 있습니다.

이렇게 미래에 팔거나 살 수 있는 권리인 선물도 시장에서 거래되고, 또 수요와 공급에 따라 가격이 오르락내리락합니다. 이런 거래가 이루어지는 시장이 **선물 시장**입니다. 선물 시장은 현물 시장과 비교하면 투자 수익도 높고 위험도 엄청나게 큽니다. 그만큼 미래의 시장 가격을 예측하는 일이 쉽지 않기 때문이죠. 선물 시장에 대한 사전 지식이나 충분한 준비 없이 소위 '대박'을 노리고 투자에 뛰어들었다가 빚더미에 올라앉는 경우도 많으니 주의해야 합니다.

부동산 투자

주택, 토지, 상가 등을 수익 목적으로 구입하는 것이 부동산 투자입니다. 집은 살기 위한 것이지 투자 대상이 아니라고 주장

하는 분들도 많습니다. 하지만 살기 위해 집을 구입하는 경우라 하더라도 기왕이면 미래에 가격이 오를 집을 사고 싶은 것이 인지상정입니다. 그러니 주거 목적으로 집을 사는 것과 투자 목적으로 집을 사는 것 사이에 뚜렷한 경계선은 없다고 봐야겠죠.

부동산 중 주택에 투자할 때는 보통 다섯 가지를 따져 보고 결정하는 것이 좋습니다. 공원 등 쾌적한 자연환경이 근처에 있는지, 일자리와의 접근성, 자녀 교육의 접근성, 교통의 편의성, 문화 인프라입니다. 이 다섯 가지가 다 만족스러운 곳이 과연 있을까요? 있긴 합니다. 하지만 이미 시장 가격에 다 반영되어 어마어마하게 비싸죠. 다섯 개의 편익을 얻는 대신 엄청나게 큰 투자금이라는 기회비용을 치러야 하는 것입니다. 따라서 다섯 가지 편익 중 몇 개는 포기하고 투자자 본인이 가장 중요하게 생각하는 조건에 집중해야 합니다.

가령 사회 초년생이고 아직 결혼이나 출산 계획이 없다면 일단 교통망, 일자리, 문화 인프라 이 세 가지만 충족되어도 충분히 훌륭한 부동산 투자처라고 할 수 있습니다. 같은 생각을 하는 사회 초년생들이 많을 터라 그런 부동산은 거래도 활발해서 유동성의 문제도 적겠지요. 반면에 은퇴 생활을 즐기는 투자자라면 자연환경, 교통망, 문화 인프라 이렇게 세 가지를 더 중요하게 생각할 가능성이 높습니다. 신혼부부나 어린 자녀를 둔 부부라면 교육 접근성, 일자리 접근성 이 두 가지만 충족되어도 일단 필요한 조건을 충족한 거라고 볼 수 있겠지요. 이처럼 투자자의 상황에 따라 '좋은' 부동산의 개념도 바뀝니다.

그런데 문제는, 기준을 다섯 가지에서 세 가지로 줄여도 현실에서 이를 충족하는 집을 찾기가 쉽지 않다는 사실입니다. 이미 많은 사람이 원하는 조건이기에 팔려고 나온 매물이 없거나 집값이 매우 높은 경우가 대부분이죠. 물론 내가 살 집을 구하는 것이 주된 목적이라면 비싸더라도 구입해서 살면 됩니다. 늘 자금이 문제죠.

그래서 부동산을 살 때는 저렴하게 사서 나중에 집값이 올라 미래의 수익도 얻을 수 있는 투자처를 고민하게 됩니다. 그러자면 남들이 아직 발견하지 못한 좋은 입지의 부동산을 비싸지기 전에 사야 합니다. 비싸지기 전에 산다는 것은 저 조건이 현재 시점에서는 갖춰져 있지 않지만, 가까운 미래에 몇 가지 조건이 추가로 갖춰질 것으로 예상되는 곳에 투자한다는 뜻입니다.

물론 우리도 그런 곳에 집이나 건물을 사면 좋겠지요. 그런 자리는 어떻게 알아볼 수 있을까요? 온갖 유언비어나 소문을 믿지 말고 직접 가 보고 판단하는 방법이 가장 좋습니다. 직접 가서 둘러본 뒤 만약 내가 사업가라면, 식당이나 카페 사장이라면 이 지역에서 사업을 하고 싶을지, 혹은 내가 만약 아파트를 산다면 과연 이 지역에서 살고 싶을지 판단해 보는 것입니다. 단지 소문이나 불확실한 뉴스만 믿고 내가 납득할 수 없는 곳에 투자하는 것은 경제적이지 못한 선택이고 위험천만한 투자입니다.

금융 자산에 투자하려면?

사회 초년생이 실물 자산에 투자하는 것은 쉽지 않습니다. 동산 투자는 위험성도 크고 진입 장벽도 높지요. 부동산 투자는 일단 자금을 모으기 어렵습니다. 땅이나 주택은 금액 단위가 매우 높기 때문이죠. 그래서 현실적으로 가장 많이 시도하는 투자가 바로 금융 자산에 투자하는 것입니다. 금융 투자 역시 수익과 위험도가 다양한 여러 상품이 있습니다. 위험성이 낮은 순서대로 함께 알아봅시다.

은행 예금

예금은 가장 간단하고 위험도가 낮은 금융 자산입니다. 은행에 돈을 맡기고 정해진 이자를 받아 돈을 불리는 것이죠. 특별한 경우가 아니면 원금을 잃을 우려가 거의 없습니다. 물론 위험도가 낮기 때문에 수익률도 낮습니다. 2024년 5월 기준으로 은행 예금 이자는 4%를 넘지 않습니다. 연 이율 4%라고 치고 1억 원을 예금한다면 1년에 400만 원의 수익이 난다는 뜻입니다. 1억 원을 투자해서 한 달에 30만 원을 받는 정도로 만족할 사람은 많지 않을 것 같습니다.

예금 이자도 위험성에 따라 유동성에 따라 상품에 차이가 생깁니다. 2024년을 기준으로 위험성이 가장 낮은 제1 금융권 은행은 지방 은행이나 제2금융권인 저축 은행들에 비해 이자율이 낮습니다. 또 예금 상품에 따라 언제든지 필요할 때 돈을 찾을 수 있는 요구불 예금(현금 인출이 되고 신용 카드가 연결되는 예금)의 이자율은 낮지만, 일정 기간 찾아 쓰지 않고 예치해 두는 적금이나 정기 예금의 이자율은 비교적 높은 편입니다. 하지만 적금이나 정기 예금도 약속한 기간 이전에 해지하고 돈을 찾으면 요구불 예금 수준의 적은 이자만 받게 됩니다.

사실 은행 예금은 자산 증식 수단으로는 매우 더딘 방법입니다. 예금으로 자산을 키우기보다는 안정적으로 여유 자금을 모으는 수단으로 생각하는 것이 좋습니다. 여유 자금이 어느 정도 생기면 그중 일부는 예금보다 위험성은 크지만 좀 더 높은 수익을 기대할 수 있는 금융 자산에 투자할 필요가 있습니다.

✦ 채권 구입

은행 이자보다 더 높은 수익을 기대할 수 있으면서 비교적 안정성도 높은 금융 자산이 바로 채권입니다. 채권은 국가나 지방 자치 단체, 은행, 회사 따위가 사업에 필요한 자금을 빌리기 위해 발행하는 유가 증권입니다. 공채, 국채, 사채, 지방채 따위가 있죠. 채권의 수익도 예금과 마찬가지로 이자입니다. 통상 채권의 이자율은 은행 예금보다 높습니다. 또 채권 자체의 가격이 올라가기도 해서 도중에 채권을 팔아서 수익을 실현할 수도 있지요.

채권의 손실 위험은 두 가지입니다. 하나는 시중 금리가 올라가는 상황입니다. 채권은 약정된 고정 이자만 받을 수 있기 때문에 시중 금리가 올라간다고 해서 더 많은 이자를 받을 수 없습니다. 하지만 이런 상황은 위험이 아주 큰 건 아니기 때문에 크게 걱정할 필요는 없습니다. 조금 손해를 보더라도 그냥 정해진 이자를 계속 받다가 만기 때 원금을 상환받으면 되니까요.

다른 하나는 부도가 나는 것입니다. 부도는 채권을 발행한 회사가 이자나 원금을 갚지 못하는 상황에 처했다는 의미입니다. 이건 좀 심각합니다. 따라서 채권에 투자할 때는 발행 주체인 기업의 부도 가능성을 따져 보고 투자해야 합니다. 기업이 공개하는 공시 정보를 보거나 혹은 채권에 표시된 채권 발행 기업의 신용 등급을 확인하는 방법도 있습니다.

신용 등급이 높은 채권은 원금과 이자를 갚을 가능성이 높고, 등급이 낮은 채권은 지급이 불안정하거나 부도 위험이 높습니다. 이때 부도 위험성이 높은 기업의 채권은 이자율도 높기 때문에 투자 수익성과 위험도가 모두 높은 상품이라고 할 수 있습니다. 그래서 대체로 국가와 공공 기관이 발행하는 국공채와 유명 대기업의 채권은 신용 등급이 높고 이자율이 낮습니다.

상환 기한 역시 투자 위험에 영향을 줍니다. 남은 상환 기한이 길수록 위험이 높아지기 때문에 채권의 이자율도 높아집니다. 간혹 정부나 공공 기관 혹은 초우량 기업의 채권 중에 이자율이 제법 높은 경우가 있습니다. 이럴 땐 '이게 웬 떡이냐.' 하며 넙죽 집기 전에 상환 기한을 살펴봐야 합니다. 심지어 상환 기한이 30년이 넘는 채권도 있습니다. 아무리 대기업이라도 30년 이내에 위험한 일이 일어날 우려가 전혀 없다고 자신만만할 수 있을까요? 세상일은 모르는 법이죠. 어쨌든 투자는 본인의 판단입니다.

채권을 살 때 추가로 확인하면 좋을 항목이 있습니다. 먼저 채권의 이자율을 살펴봅니다. 이자율은 1년을 기준으로 표시되지만 보통 회사채는 3개월에 한 번씩, 국공채는 6개월에 한 번씩 이자를 나누어 지급합니다. 다음으로 수익률을 살펴봐야 합니다. 수익률은 채권의 현재 가격 대비 이자율을 의미합니다. 채권은 거래 과정에서 값이 오르기도 하고 내려가기도 합니다. 채권 가격이 발행 당시 액면가보다 올라가면 표지 이율보다 수익률이 높아집니다. 만기 때 매입 가격보다 더 많은 원금을 상환받기 때문이죠.

다음에는 만기 상환 날짜를 확인합니다. 채권에는 언제 원금을 상환하는지 날짜가 적혀 있습니다. 아예 만기 없이 이자만 지급하는 영구채도 있으니 반드시 확인해야 합니다. 마지막으로 신용 등급을 확인합니다. 채권의 신용 등급은 채권 발행 주체의 원금과 이자의 상환 가능성을 표시한 것입니다. AAA부터 D까지 총 10개 등급이 있습니다. AAA, AA, A, BBB 등급까지는 원리금 상환 능력이 인정되는 안정적인 투자 등급입니다. BB, B, CCC, CC, C는 환경 변화에 따라 상환이 어려워질 위험이 있는 투기 등급입니다. 가능하면 BBB 아래로는 투자하지 않는 것이 좋고, BB는 이자를 못 받을 가능성, B 이하는 원금도 못 받을 가능성을 염두에 두어야 합니다.

주식 투자

투자라고 하면 흔히 떠올리는 것이 바로 주식 투자입니다. 주식은 예금이나 채권에 투자하는 것보다 위험도가 높지만, 그렇다고 도박이나 투기는 아닙니다. 주식은 채권보다 더 높은 수익률을 기대할 수 있고, 국민 경제에도 좋은 영향을 주는 건전한 투자입니다.

주식을 사는 행위는 그 주식을 발행한 기업에 투자하는 것입니다. 우리는 과자 한 봉지, 양말 한 짝을 사더라도 그 제품이 어디서 만들어졌는지, 유통 기한은 얼마나 되는지, 재료는 무엇인지 알아보고 삽니다. 그런데 주식을 사면서 그 기업이 어떤 회사인지 알아보지도 않고 근거 없는 소문에 기대 매수한다면, 그것은 투자가 아니라 투기입니다. 그 기업이 어떤 회사이며 어떤 상태에 있는지 주식의 가치를 조사하고 신중하게 판단한 뒤 투자해야 합니다.

주식으로 얻을 수 있는 수익은 두 종류가 있습니다. 하나는 배당입니다. 주식을 가지고 있다는 것은 그 기업의 지분을 가지고 있다는 뜻입니다. 따라서 그 기업이 이익을 내면 주식을 가진 비율만큼 배당금을 받을 권리가 있습니다. 가령 A라는 기업이 발행한 주식이 총 100만 주라고 하고, K라는 투자자가 그 회사 주식을 1만 주 가지고 있다면 K는 A 기업의 1% 지분을 가진 주주라고 할 수 있습니다. 때문에 A 기업의 이윤 중 1%를 배당받을 권리가 있습니다. 물론 A 기업이 사업에 실패해서 이윤을 얻지 못했다면 배당금이 없을 수도 있습니다.

주식은 누구나 쉽게 접근할 수 있지만 위험도가 큰 투자다. 투자 전에 회사에 대한 정보를 알아보는 것이 중요한데, 금융 감독원의 전자 공시 시스템인 DART에서 정기 보고서를 읽는 것도 좋은 방법이다. 흔히 '금감원'이라고도 부르는 금융 감독원은 은행 감독원, 보험 감독원, 증권 감독원, 신용 관리 기금의 네 개 감독 기관을 통합하여 신설한 기관이다. 건전하고 공정한 금융 거래를 위해 금융 기관을 관리 감독한다.

또 기업은 한 해 사업으로 얻은 이윤을 모두 배당하지는 않습니다. 다음 해에 사업을 확장하거나 신제품을 개발하기 위해 이익을 재투자할 필요가 있기 때문입니다. 그래서 보통은 많아야 이윤의 30% 정도를 주주에게 배당하고, 나머지는 재투자합니다. 이것을 **배당 성향**이라고 하는데, 우리나라 기업들은 미국이나 일본 기업에 비해 배당 성향이 낮은 편입니다. 비교적 주주에게 배당하는 비율이 낮다는 뜻입니다. 배당금은 다음과 같은 공식으로 결정됩니다.

배당금

기업의 당기 순이익 배당 성향 x (주주가 보유한 주식의 수/기업의 총 발행 주식 수)

그런데 흥미로운 점은, 배당금을 목적으로 주식에 투자하는 사람이 많지 않다는 사실입니다. 배당이 잘 나오는 회사라 하더라도 배당 수익이 채권 이자보다 그리 높지 않은 데다 위험성은 훨씬 크기 때문입니다. 주식 투자의 수익은 대부분 그 기업의 가치가 커지는 만큼 주식 가격이 올라가는 데서 나옵니다. 쉽게 말하면 주식은 기업을 작게 잘라서 사는 것입니다. 기업의 가치가 커지면 당연히 작게 자른 조각 하나의 가치도 커집니다. 이게 바로 주가가 올라가는 원리입니다.

기업의 가치가 커지는 원인은 여러 가지가 있습니다. 당연히 돈을 잘 버는 기업일수록 가치가 큽니다. 따라서 이윤이 계속 증가하는 기업의 주식은 가격이 올라갑니다. 문제는 주식의 가격이 기업의 현재 가치만으로 결정되지 않는다는 사실입니다. 더구나 현재 영업이 잘되고 있는 기업의 가치는 주가에 이미 충분히 반영되어 비싸기 때문에 앞으로 더 오를 가능성이 크지 않습니다.

주식으로 채권보다 많은 수익을 얻으려면 기업의 현재보다 미래 가치에 투자해야 합니다. 장차 상당히 높은 가치로 평가받을 가능성이 크지만 아직은 그 정도 평가를 받지 못해 저평가된 기업에 투자하는 것입니다. 실제로 주식 가격에는 기업의 현재 가치보다 미래 가치가 많이 반영되어 있습니다. 현재 가치는 1조 원이지만 장차 3조 원의 가치가 있는 기업으로 성장할 장래성이 있다고 판단되면 그 가치가 주식 가격에 반영되는 것이죠.

그렇다면 기업의 가치는 어떻게 판단할 수 있을까요? 기업의 현재 가치는 **재무제표**라고 부르는 기업의 각종 회계 장부를 통해 확인할 수 있습니다. 증권사에서는 재무제표에서 꼭 확인해야 할 정보들을 모아 제공하기 때문에 기업의 현재 가치를 쉽게 파악할 수 있습니다. 그러나 기업의 미래 가치, 즉 장래성을 판단하는 것은 어렵고 모호합니다. 자산 운용을 전문으로 하는 펀드 매니저들도 장차 어떤 기업이 크게 성장할지 예측하는 것이 쉽지 않지요. 그렇다면 기업의 성장 가능성은 어떻게 예측할 수 있을까요? 지금보다 미래 전망이 밝고 주식 가격이 오를 기업은 다음과 같은 특징을 갖추고 있을 것입니다.

- 장래성 있는 기술을 보유한 기업. 이런 기업이라면 지금 당장은 규모가 작더라도 빠르게 성장할 힘을 지니고 있을 것입니다.
- 미래에 중요해질 분야에 미리 진출한 기업. 이런 기업이라면 지금은 비록 규모가 작더라도 해당 분야가 발전하면 빠르게 성장할 것입니다. IT 혁명 이전에는 애플도 창고에서 소규모로 제품을 만드는 동네 기업에 불과했습니다.
- 미래에 중요해질 획기적인 신기술이나 제품을 연구하고 투자하는 기업. 이런 기업은 공을 들이고 있는 연구가 성공하는 순간 가치가 엄청나게 높아질 것입니다. 신약을 개발하는 제약 회사들이 대표적인 사례입니다.
- CEO의 능력과 비전이 확실한 기업. 가장 변수가 많은 요소지만 기업을 이끄는 CEO 역시 기술이나 분야 못지않게 중

요한 성공 요인입니다. 특히 기업의 초창기 잠재력을 알아 보는 데 중요한 기준이 되기도 합니다.

보다시피 이 조건들은 투자자가 100% 확신할 수 있는 종류의 기준은 아닙니다. 특히 1번과 2번은 어느 정도 예상이 가능하지만, 3번과 4번은 미래의 성공을 예측하고 확신하기가 어렵습니다. 기업 내부의 연구 성과나 CEO 개인의 평가에 대한 상세하고 정확한 정보를 모으기가 어렵기 때문이죠. 그래서 근거 없는 소문이나 잘못된 뉴스에 따라 주가가 요동치기도 합니다. 가령, 신약 개발만 성공하면 대박이라고 생각했는데 끝내 실패한다면 한순간에 기대가 꺼지면서 주가가 그야말로 곤두박질치기 때문입니다. 심지어 그 실패가 원인이 되어 회사가 파산할 수도 있습니다. 회사가 문을 닫으면 주식은 얼마가 될까요? 안타깝게도 0원이 되는 일이 많습니다. 이런 위험이 두렵다면 정보와 소문을 구분하면서, 현재 가치에 문제가 있는 기업의 주식을 섣불리 사지 않아야 합니다.

주가는 회사의 가치만으로 결정되는 것이 아니라 사려는 사람과 팔려는 사람 간의 힘겨루기의 결과이기도 합니다. 회사가 앞으로 번창할 가능성이 크고, 가치가 크게 올라갈 거로 기대하는 사람이 많으면 당연히 주식을 사겠다는 사람이 많겠죠. 주주들은 앞으로 더 비싸게 팔 수 있다는 기대가 있으니 팔지 않으려 할 것입니다. 그래서 주식 가격이 계속 올라갑니다. 반대로, 회사가 전망이 불투명하거나 기대만큼 실적이 나오지 않으면 실망한 주주들이 일제히 주식을 팔 것입니다. 하지만 실적이 낮은 회사의 주식을 사겠다는 사람은 적을 테니 주식 가격은 계속 떨어질 수밖에 없죠.

이처럼 주식은 전형적인 '하이 리스크, 하이 리턴' 자산입니다. 이론적으로는 앞으로 계속 번창할 것 같은 회사의 주식을 사서 배당을 받거나 주식 가격이 올라갈 때 팔아서 이익을 얻으면 되지만, 그런 회사를 알아보는 일은 쉽지 않습니다. 세계적인 투자자 워런 버핏 같은 사람은 앞으로 번창할 가능성이 큰 기업을 알아보는 능력으로 유명합니다. 장래성이 크지만 저평가된 회사의 주식을 사 두었다가 회사가 성장한 뒤 파는 투자를 반복해서 세계적인 부호가 되었지요. 워런 버핏은 주식을 산 뒤 10년 정도 기다려서 수익이라는 열매를 따는 것으로 유명합니다. 주가가 떨어져도 그 회사의 미래 가치를 확신한다면 끈질기게 기다리는 겁니다. 그런 회사를 찾아내는 것도, 또 믿음을 가지고 기다리는 것도 쉽지 않은 일입니다.

시대를 앞질러 간 기업들도 초기에는 사람들에게 거의 알려지지 않았고, 심지어 무시당한 기업도 있습니다. 주식은 당연히 저렴했겠죠. 하지만 나중에 시대를 선도하는 기업으로 성장하자 주가가 그야말로 하늘 높이 치솟았습니다. 이들이 무명 기업일 때 주식을 싸게 사 두었더라면 엄청나게 고수익을 올렸을 테지만, 타임머신을 타고 미래를 보고 올 수도 없고, 불확실한 미래를 믿고 오랫동안 투자하기란 쉽지 않습니다.

예를 들어 구글은 2004년 주식 시장에 상장했을 때 주가가 2달러였습니다. 그때만 해도 공장 하나 없이 인터넷 검색 기능으로 무슨 돈을 벌까, 의심하는 사람이 많았죠. 그런데 인터넷 시대가 열리면서 구글 주가는 4년 만에 4배로 올랐습니다. 심지어 2021년 12월 31일에는 144달러가 되었습니다. 70배입니다. 구글 주식을 1,000만 원어치 사 두었다 18년을 기다렸다면 7억 원이 되었을 정도로 고수익을 거두는 성공적인 투자인 셈이죠.

그러나 반대의 경우도 있습니다. 노키아는 2007년만 해도 세계 휴대 전화 시장을 주도한 기업이었습니다. 1998년부터 10년째 부동의 1위였고, 세계 휴대 전화의 40% 이상이 노키아 제품일 정도였습니다. 당시 노키아의 주식은 27유로에 거래되었는데, 불과 5년 뒤인 2012년 7월에 1.4유로까지 떨어지고 말았죠. 노키아라는 튼튼한 회사의 주식으로 자산을 관리하던 사람이라면 5년 만에 자산이 20분의 1로 줄어드는 재앙을 만난 겁니다. 이유는 아이폰의 등장이었죠. 당시 노키아도 스마트폰을 만들었지만 2007년 아이폰이 출시되면서 세계 휴대 전화 시장의 판도가 바뀐 것입니다. 이처럼 기업이나 시장의 미래를 읽고 투자한다는 것은 무척 어렵습니다. 게다가 워런 버핏처럼 기업의 미래를 보고 10년간 장기 투자하는 것은 그야말로 커다란 위험 요소를 떠안는 방식이라고 할 수 있습니다. 기업과 시장을 철저히 분석하고 신중하게 투자를 결정해야 하는 이유이기도 합니다.

파생 상품 투자

주식도 위험성이 큰 투자로 보이는데, 경험 많은 투자자들 사이에서 주식은 위험도가 중간인 투자로 취급됩니다. 더 정확히 말하면 주식의 현물 투자가 그렇습니다. 진짜 위험도가 높은 투자는 현물이 아니라 현물을 사고팔 수 있는 권리에 투자하는 것입니다. 현물 거래의 권리를 사고팔 수 있게 만들어 거래하는 것을 **파생 상품**이라고 합니다.

파생 상품의 종류는 아주 다양하지만, 그중 가장 일반적인 것이 **콜 옵션**call option과 **풋 옵션**put option 거래입니다. 콜 옵션은 미래의 어느 시점에(보통 6개월 혹은 1년 뒤) 정해진 가격으로 해당 상품을 살 수 있는 권리입니다. 풋 옵션은 미래의 어느 시점에 정해진 가격으로 해당 상품을 팔 수 있는 권리입니다.

가령 K전자라는 회사의 주식이 6개월 뒤에 엄청나게 오를 것

글로벌 기업 애플은 구글이나
노키아보다 더 극적이다.
2004년 애플 주식은
0.5달러에 거래되었는데,
아이폰 출시 뒤 주가가
오르기 시작하더니,
2022년에는 145달러로
주식의 가치가 무려
290배 올랐다.

같으면 이 주식을 현재 가격으로 구입할 수 있는 콜 옵션을 삽니다. 그럼 6개월 뒤에 오른 주식을 오르기 전 가격(현재 가격)으로 살 수 있으니 수익을 볼 수 있는 것이죠. 가령 현재 이 회사 주식이 5,000원인데 6개월 뒤에 8,000원은 될 거로 판단하고 콜 옵션을 한 주당 500원씩 1만 개 구입했다고 합시다. 옵션 거래는 돈을 다 내지 않고 일부 증거금만 낸 뒤 나중에 정산해도 되기 때문에 200만 원만 주고 콜 옵션 1만 개를 살 수 있습니다. 즉 300만 원은 외상입니다. 그런데 한 달도 지나지 않아 주식이 8,000원을 넘어 1만 원까지 갔다고 생각해 보세요. 그럼 여기저기서 콜 옵션을 사겠다고 할 것입니다. 그럼 이 옵션을 두 배 오른 1,000원에 팔 수 있겠죠.

1만 주 콜 옵션을 모두 정산하면 1,000만 원을 받을 것이고, 여기서 외상 300만 원을 갚고 700만 원을 챙겨 갑니다. 여기서 증거금 200만 원을 빼면 한 달 만에 500만 원을 번 것입니다. 반대로 6개월 뒤에 그 회사 주식이 5,500원 아래로 떨어지면 이 콜 옵션은 그냥 휴지 조각이 될 수도 있습니다. 200만 원은 0원이 되고 여기에 외상값 300만 원까지 갚아야 합니다. 생각만 해도 아찔합니다. 만약 K전자 주식이 6개월 뒤에 엄청나게 떨어질 거라 예상했다면 미래에 현재 가격으로 팔 수 있는 권리인 풋 옵션을 구입할 수도 있습니다. 그런데 이때도 예측과 달리 이 회사 주식이 오르면 원금은 사라지고, 떨어지면 몇 배로 벌어들일 수 있겠죠.

이렇게 파생 상품 거래는 엄청나게 벌거나 반대로 자산을 홀랑 날릴 수 있는 위험천만한 투자입니다. 그래서 일반 투자자는 거래할 수 없고 투자 전문 기관이나 관련 교육을 받고 거래 자격을 얻은 투자자만 거래할 수 있습니다. 하지만 전문 투자자들도 파생 상품을 수익을 위한 수단으로 활용하지 않습니다. 위험 부담이 너무 크기 때문입니다. 대신 현물 투자에 실패했을 때 손실을 보완하는 용도로 활용합니다.

가령 K전자 주식을 사면서 이 주식의 가격이 떨어질 때를 대비해 풋 옵션도 조금 사 두는 방식입니다. 만약 주가가 오르면 풋 옵션에서 손실을 보겠지만 주가 상승분이 더 많아서 수익이 되고, 주가가 떨어지면 풋 옵션을 행사해서 손실을 줄이는 것이죠. 이때 주가가 올라가는 쪽으로 투자하는 것을 '롱 포지션long position', 떨어지는 쪽으로 투자하는 것을 '쇼트 포지션short position', 그리고 반대 포지션에도 일부 투자를 분산하여 손실에 대비하는 것을 '헤징hedging'이라고 합니다.

물론 이제 막 투자를 시작한 사람이나 사회 초년생이 파생 상품에 투자할 일은 없겠지만, 파생 상품의 흐름을 주의 깊게 살펴볼 필요는 있습니다. 거래 규모가 큰 기관 투자자나 전문 투자자가 특정 주식의 미래를 어떻게 보고 있는지 가늠할 수 있는 좋은 자료이기 때문입니다.

간접 투자

지금까지 내용을 보면 투자는 정말 어렵습니다. 머리가 아플 지경입니다. 더구나 뭘 해도 위험이 따르니 선뜻 손이 가지 않습니다. 주식에 투자한 뒤로 매일 주가 변동에 따라 천국과 지옥을 오갈 수도 있습니다. 투자에 너무 신경 쓰다가 생업에 지장을 받는 투자자도 많습니다. 그렇다고 안전하게 은행 이자나 받으려니 어느 세월에 은퇴 자금을 만드나 싶기도 합니다. 사실 투자 없이 은퇴 뒤 노후를 대비하기란 거의 불가능하기 때문입니다. 따라서 전문 투자자가 아닌 보통 사람들은 대부분 직접 투자보다는 간접 투자에 의존합니다. '간접 투자'는 직접 어떤 자산을 구입하는 것이 아니라 전문 투자자가 검증한 자산에 투자하는 상품을 말합니다.

간접 투자 중 가장 흔한 방식이 **집합 투자**입니다. 흔히 말하는 펀드 상품이죠. 펀드의 원래 의미는 어떤 목적을 달성하기 위해 다수의 사람에게 모금하여 조성한 기금을 말합니다. 서로 아는 사람들끼리 비공개로 돈을 모으면 **사모 펀드**, 불특정 다수를 상대로 공개적으로 돈을 모으면 **공모 펀드**입니다.

왜 여럿이서 돈을 모을까요? 작은 돈보다는 큰돈이 투자에서 더 큰 힘을 발휘하기 때문입니다. 돈을 벌기 위해서든 좋은 일을 하기 위해서든 마찬가지입니다. 예를 들어 여러분이 가자 지구의 전쟁고아를 도우려 합니다. 용돈을 한 푼 두 푼 모은 것으로 할 수 있는 일은 많지 않을 것입니다. 하지만 10만 명의 학생들이 용돈을 모은다면? 제법 큰 액수의 돈을 모을 수 있고, 전쟁고아를 위한 사업도 펼칠 수 있게 됩니다.

투자도 마찬가지입니다. 개인 투자자가 월급을 아껴 모은 돈은 위력이 크지 않습니다. 일반인은 정보도 부족하고 시간도 부족합니다. 물론 투자 전문가를 고용해서 대신 자산을 운용하게 하면 훨씬 좋은 결과를 가져올 수 있겠지만, 일반인이 무슨 돈이 있어서 전문가를 고용할 수 있을까요? 그래서 일반인이 다수가 모여 펀드를 조성하는 것입니다. 5,000만 원 정도를 가지고 운용해 줄 전문가를 고용하는 것은 어림없는 이야기지만 5천만 원을 투자할 천명이 모이면 무려 500억입니다. 이 정도 자금이라면 전문가를 고용할 만한 규모입니다. 이렇게 펀드를 대신 운용해 주고 운용 보수를 받는 전문가들이 바로 **펀드 매니저**입니다.

그렇다고 펀드 매니저를 믿고 투자한 뒤 안심하고 생업에 종사하면 될까요? 집합 투자 상품에 투자하더라도 꼭 챙겨야 할 것들이 있습니다. 펀드 매니저가 아무리 유능하고 책임감이 강

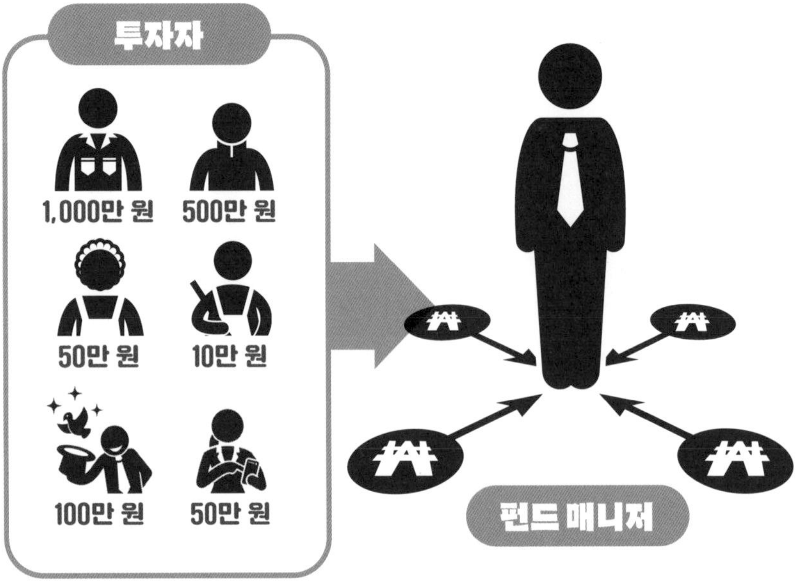

해도 어쨌든 돈의 주인은 투자자 본인입니다. 따라서 투자 전에 주의해야 할 점을 살펴보고 직접 챙기는 것이 투자자가 지녀야 할 최소한의 의무입니다.

첫째, 펀드 매니저는 신이 아닙니다. 당연히 손실을 볼 수 있습니다. 따라서 집합 투자 역시 위험을 감수해야 합니다. 다행히 모든 집합 투자 상품은 펀드 매니저가 자금을 어떤 방식으로 운용할지를 공개하게 되어 있습니다. 리스크를 줄이는 쪽에 중심을 둘 것인지 수익을 늘리는 쪽에 중점을 둘 것인지 투자 계획서에 나와 있으니, 나의 투자 목적과 성향에 맞는 집합 투자 상품을 선택해야 합니다. 이미 다 밝혀 놓았는데 보지 않고 무작정 투자했다가 손실이 난 뒤에 항의해 봐야 펀드 매니저가 대신 갚아 주지 않습니다.

둘째, 운용 보수를 따져 봐야 합니다. 당연히 펀드 매니저는 투자자의 자산을 공짜로 운용해 주지 않습니다. 대부분의 집합 투자 상품은 수익에 대해 운용 보수를 매기는 게 아니라 운용하는 총액에 대해 운용 보수를 매깁니다. 즉 손실로 원금을 까먹어도 펀드 매니저에게 운용 보수는 지불해야 하죠. 운용 보수는 운용 자금의 1% 내외가 대부분이지만 경우에 따라 3%인 펀드도 있습니다. 물론 펀드 매니저는 수익을 내서 운용 자금 규모가 커질수록 보수가 커지니까 최선을 다하게 됩니다.

셋째, 집합 투자를 하려면 펀드를 운용할 펀드 매니저가 누구인지, 또 어떤 성향이며 최근에 어떤 실적을 거두었는지 알아볼 필요가 있습니다. 펀드 매니저마다 투자 기법이 다르고, 자산 운용 스타일이나 실적이 다 다릅니다. 따라서 자산 운용 방법까지는 모른다 해도 적어도 내 자산을 운용할 사람, 회사에 대해 조사하는 것은 투자자라면 당연히 해야 할 일입니다.

이쯤 되면 자산 관리가 참 어렵다는 생각이 절로 들 것입니다. 맞습니다. 어렵기 때문에 실수하기도 쉽습니다. 그래서 자산 관리를 잘하는 사람들은 '내가 얼마나 수익을 올릴 것인가?' 보다 '내가 어떻게 손실을 피할 것인가?'를 먼저 생각합니다. 전문가라도 늘 높은 수익을 터뜨리는 것은 아닙니다. 하지만 유능한 전문가는 손실을 덜 입습니다.

만약 이도 저도 복잡하다면 **인덱스 펀드**index fund에 가입하는 방법도 있습니다. 인덱스 펀드는 종합 주가 지수를 따라가도록 설계한 집합 투자 상품입니다. **종합 주가 지수**는 증권 시장에 상장된 주식 가격 전체의 평균을 표시한 것입니다. 우리나라에서 가장 유명한 종합 주가 지수는 **코스피 지수**인데, 이는 1980년 당시 우리나라 주식 가격 평균을 100으로 두고 현재 시점의 주식 가격 평균이 얼마인지 표시한 것입니다. 2024년 5월 현재 2,700을 오르내리고 있으니 1980년과 비교하면 27배 올랐다는 것을 알 수 있습니다.

아무래도 전체의 평균이기 때문에 특정한 기업의 주가에 비해 종합 주가 지수는 변동 폭이 작습니다. 특히 경제가 하강 국면이라고 하더라도 손실이 20~30% 정도에 그치기 때문에 개별 주식 투자에 비해 위험 부담도 적습니다. 반대로 주식 시장에 유입되는 투자금이 많은 상승장이라고 해도 인덱스 펀드는 평균 수준의 안정적인 수익만 보장한다는 사실도 알아 두어야 합니다.

ETF 투자

ETF는 Exchange Traded Fund, 즉 상장 지수 펀드의 준말입니다. 앞에서 말한 인덱스 펀드를 증권 거래소에 상장시켜 주식처럼 편리하게 거래할 수 있도록 만든 상품입니다. 하지만 실제로는 몇몇 주식들을 조합하여 집합 투자하는 상품으로 사용되고 있습니다. ETF와 펀드는 무엇이 다를까요? 펀드는 금융사를 통해 가입하고 해지하기 때문에 내가 원하는 시간, 원하는 가격으로 사고팔기 어렵습니다. 금융사에서 매수, 매도 업무를 처리하기 때문에 짧으면 하루, 길게는 3~4일씩 시간이 필요합니다. 하지만 ETF는 증권 시장에 상장되어 있어서 마치 개별 주식처럼 내가 원하는 가격에 즉시 사고팔 수 있습니다.

최근에는 비슷한 종류의 주식들을 적절히 배합한 ETF가 많이 판매되고 있습니다. 가령 반도체 소재가 앞으로 유망하다는 사실은 알겠는데 도대체 어떤 회사들이 반도체 소재를 취급하고, 그중 어떤 회사가 경영 전망이 좋은지 일반 투자자가 일일이 조사하기란 쉽지 않습니다. 이럴 때는 유망한 반도체 회사들의 주식 가격의 평균을 따르는 반도체 소재 ETF를 구입하면 됩니다. 또 전기차 시대에 2차 전지 시장이 유망하다는 것은 알지만 어떤 회사가 2차 전지 관련 기업인지 조사할 여력이 없다면? 그렇습니다. 2차 전지 ETF를 구입하면 됩니다.

물론 ETF도 만능은 아닙니다. 가령 2차 전지 회사라고 수익이나 전망이 다 똑같을 수는 없지요. 그중에서도 특히 더 크게 성장할 회사가 있고, 실적이 별로인 회사도 있을 겁니다. 따라서 ETF는 성장할 회사를 예측하고 투자하는 개별 주식 투자에 비해 수익률이 떨어질 수밖에 없습니다. 하지만 개인 투자자가 하필 시장에서 퇴출당할 회사를 콕 짚어 투자할 위험을 줄여 줍니다. 그렇다고 시장 전체가 약세로 흐르거나 주식 시장이 침체되어 발생하는 자산 손실까지 막아 주지는 못합니다.

리츠REITs 투자

집은 사는 곳이지 사는 것이 아니라는 말은 언뜻 들으면 그럴듯하지만 도덕적 당위에 가깝습니다. 실제로는 집값이 일정하지 않고, 또 오르고 내리는 변동이 있는 상품이기 때문에 누구나 집값이 쌀 때 사고 비쌀 때 팔고 싶어 합니다.

다음 그래프는 강남구의 A라는 아파트(84m²)의 3년간의 시세 변동을 표시한 것입니다. 26억 이하일 때 사서 32억에 판 집값 상승세만 보면 '1년 만에 6억을 벌다니.'라고 생각하겠지만, 반대로 32억에 사서 1년 만에 26억 이하로 시세가 떨어진 하락세를 보면 6억 이상의 손해를 본 것을 확인할 수 있습니다. 이런 엄청난 액수의 이익과 손실이 나타나는 이유는 부동산이라는

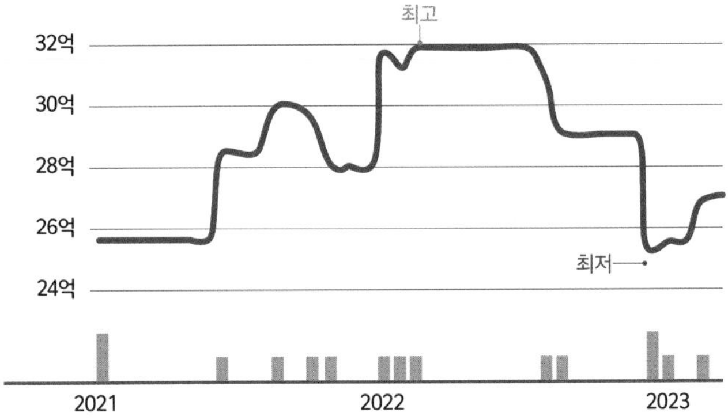

자산의 가격이 상당히 비싸기 때문입니다. 가령 이미 가격이 10억이 넘는 부동산이라면 10%만 손실이 발생해도 1억이라는 돈을 잃는 것이죠. 수도권의 경우 어지간한 아파트는 최소 5억 이상이라고 생각해야 합니다. 그러니 몇천만 원의 수익과 손실 정도는 흔한 일이 되었습니다. 가격도 비싸고 수익과 위험의 규모도 커서 부동산을 자산 투자의 대상으로 삼는 것은 부유층에게나 가능한 일로 느껴질 정도입니다.

회사를 쪼개 주식을 팔듯, 부동산도 쪼개 팔면 안 될까요? 일반 투자자가 주식을 통해 시가 총액이 100조가 넘는 삼성전자 같은 기업의 일부를 소유할 수 있듯, 도심의 수십억, 아니 수백

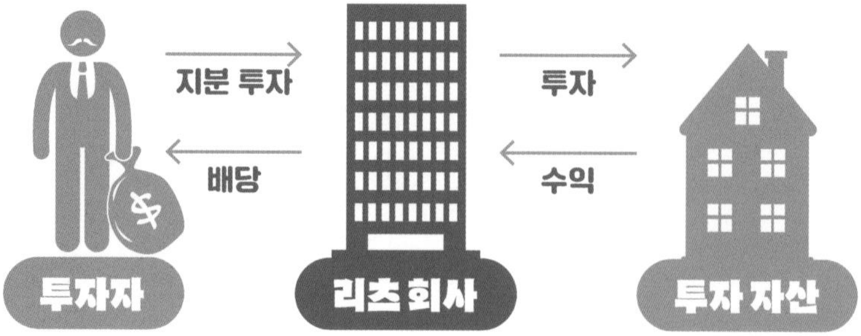

억 나가는 도심의 거대 빌딩의 주인이 될 수도 있을 테니까요. 실제로 그런 방법이 있습니다. 바로 '리츠' 상품입니다. 리츠란, 다수의 투자자에게서 자금을 모아 부동산에 투자하여 그 수익을 투자자에게 돌려주는 부동산 간접 투자 회사입니다.

가령 투자 전망이 좋은 지역에 아파트를 지어 임대 소득을 올리고 싶다고 합시다. 하지만 아파트가 어디 한두 푼인가요? 엄두가 나지 않습니다. 하지만 리츠 회사가 아파트를 여러 채 지어 임대한다면 우리도 투자를 고려해 볼 수 있습니다. 꼭 집 한 채 값을 투자하지 않아도 됩니다. 주식과 마찬가지로 전체 아파트에서 우리가 투자한 돈의 지분만큼 임대료를 가져가면 되니까요. 이와 비슷한 방식으로 호텔에 투자할 수도 있습니다. 호텔을 살 수는 없어도 호텔 객실 한 칸은 살 수 있으니까요. 이렇게 객실 한 칸 단위로 투자자를 모으면 유명 관광지에 수백 개 객실을 갖춘 대형 호텔을 지을 수 있게 됩니다. 그래서 리츠로 아파트, 호텔뿐만 아니라 석유를 운반하는 대형 선박인 유조선에 투자할 수 있는 상품도 있습니다.

9 돈 X 세계 경제

경제라는
큰 바다를 항해할 때
살펴야 할 지표들

경기 변동은 왜 생기는 걸까?

기준 금리가 왜 중요하지?

위안화는 달러의 자리를 차지할 수 있을까?

글로벌라이제이션과 리쇼어링은 왜 나타나는 걸까?

#기준_금리 #기축_통화 #연방_준비_제도
#FRB #FOMC #글로벌라이제이션 #리쇼어링

유능한 '경제' 선장이 되려면

우리가 가계 혹은 기업이라는 배를 몰고 경제라는 바다를 항해한다고 상상해 보세요. 초보자라면 항해가 쉽지 않을 것입니다. 반대로 항해 경험이 많고 항해술이 뛰어나다면 안전하고 신나게 항해할 수 있겠죠. 하지만 항해술이 뛰어나다고 해서 반드시 성공적으로 항해하는 것은 아닙니다. 가령 예상하지 못한 폭풍을 정통으로 맞닥트리면 어떻게 될까요? 아무리 유능한 선장이라도 폭풍우를 헤쳐 나가는 일은 쉽지 않습니다. 아주 작은 실수라도 큰 피해를 줄 수 있고, 어쩌면 미처 항해술을 발휘할 틈 없이 거대한 파도에 휩쓸릴지도 모릅니다.

마찬가지로 국가 단위의 경제 혹은 국제 경제가 출렁이면 가계와 기업이라는 배도 타격을 입을 수밖에 없습니다. 심지어 애플이나 구글 같은 거대 기업도 국제 경제가 침체되거나 위기를 맞으면 수조 원의 손실을 입기도 합니다.

경험 많은 선장과 초보자의 차이는 그러한 재난을 예측하고 대비하는 데 있습니다. 우선 태풍이라는 재난이 예상되면 항해를 취소하거나 안전한 항로를 찾아야 합니다. 항해 도중에도 거대한 폭풍의 조짐이 보이면 재빨리 항로를 변경하지요. 따라서 유능한 선장이라면 재난을 알려 주는 몇몇 지표들을 늘 확인하며 항해합니다.

경제라는 바다를 항해하는 것도 마찬가지입니다. 나라 경제, 세계 경제에서 일어나는 변화에 적응하지 않으면 출렁이는 파도에 휩쓸려 순식간에 엄청난 손해를 입을 수 있습니다. 따라서 나의 소중한 자산을 잘 관리하려면 국내외 경제의 변화를 살펴볼 수 있는 여러 지표에 늘 관심을 두고 있어야 합니다.

경기 변동과 경기 지수

자본주의 경제는 계속 성장만 하지 않습니다. 성장과 침체를 반복합니다. 경제가 활발하게 성장하는 시기를 '호황'이라고 하고, 침체하는 시기를 '불황'이라고 합니다. 자본주의 경제는 호황과 불황을 반복하는데 이 과정을 **경기 변동**이라고 합니다.

경기 변동은 경기가 정점에서 하강하면서 침체기에 이르기까지 이어지는 불황, 침체기에서 다시 회복되면서 정점까지 올라가는 호황이 반복되는 순환 운동을 합니다. 경기는 수치의 높고 낮음보다는 경기가 내려가는 추세인가, 올라가는 추세인가가 더 중요합니다. 따라서 현재 경기가 아주 높은 수준에 있더라도 내려가는 추세에 있다면 투자에 신중해야 합니다.

아래 그래프는 불황과 회복, 성장을 반복하는 경기 순환 주기

경기 순환 주기

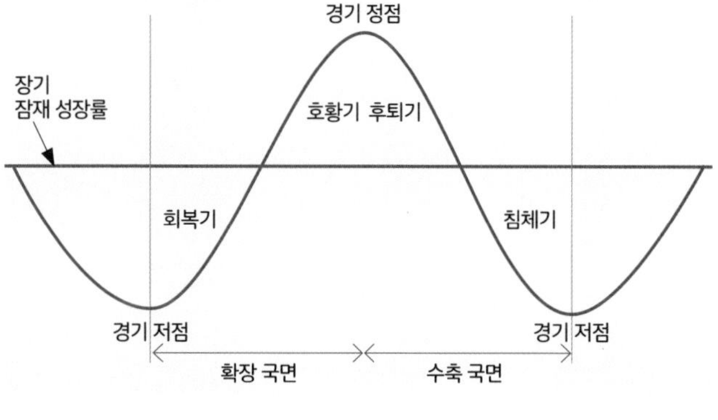

를 나타낸 것입니다. 문제는 경기 순환이 이 그래프처럼 규칙적이지 않다는 데 있습니다. 실제 경제에서는 3년간 짧은 불황일 수도 10년의 긴 불황이 장기간 이어질 수도 있습니다. 또 1~2년 간격으로 불황과 호황이 짧게 반복될 수도 있습니다. 실제 경기를 살펴보면 아래와 같은 그래프로 표현됩니다. 이것은 지난 50여 년간 한국 경제를 그래프로 표현한 것입니다. 성장과 침체를 반복하기도 하고 장기간 경기 침체가 나타나는 구간도 눈에 띕니다.

투자를 고심하다 보면, 경기가 오랜 침체를 끝내고 호황기를 맞았다고 판단되어 투자했지만, 알고 보니 아직 불황이 덜 끝난 가운데 잠깐 오른 경우도 있습니다. 경기가 빠르게 침체되면 주

우리나라 경기 순환 분석

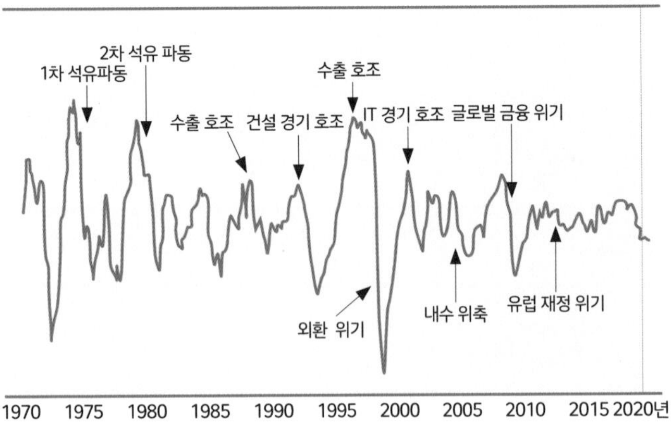

식 등 자산 가격이 짧은 시간에 빠르게 떨어지는데, 이런 급격한 하락이 지나치다고 판단한 일부 투자자들은 오히려 주식을 사거나 투자를 늘려서 시장에 매수 자금이 유입되기도 합니다. 그러면 일시적으로 주식 가격이 오르거나 경기가 회복되는 것처럼 보일 수도 있지요. 이런 경우를 **기술적 반등**이라고 합니다.

반대로 경기가 호황이다가 불황이 시작된 것처럼 보여서 투자자들이 자산을 처분했는데, 단지 호황 중간에 잠시 내려간 것일 수도 있습니다. 자산 가격이 단기간에 너무 많이 오르면 그걸 팔아서 돈을 확보하려는 사람들이 늘어나기 때문에 일시적으로 가격이 떨어지기도 하지요. 이런 경우를 **조정**이라고 합니다. 그래서 주식이나 자산 가격의 상승 하강 지표만 보고 경기를 쉽게 판단하는 것은 위험합니다.

그럼, 대체 경기를 살필 때는 어떻게 해야 할까요? 일단 통계청에서 발표하는 경기 선행 지수와, 산출에 포함되는 여러 경제 지표의 변동을 관심 있게 살펴봐야 합니다. **경기 선행 지수**는 가까운 미래에 경기가 상승할 것인지 하락할 것인지를 나타내는 수치입니다. 경기가 침체기인데 경기 선행 지수가 반등을 시작했다면, 지금 당장은 어려워도 6개월 혹은 1년 뒤에 경기가 호황으로 반전될 가능성이 크다고 예측할 수 있습니다. 반대로 지금 당장은 호황이라도 경기 선행 지수가 아래로 꺾이기 시작했다면 조만간 불황이 시작될 수 있다고 예측할 수 있지요.

대체로 경기 선행 지수는 호황보다 불황에 더 민감합니다. 경기 회복은 더디지만 침체는 아주 빠르게 진행되는 경향이 있기 때문입니다. 따라서 경기 선행 지수에 포함되는 경제 지표들도 살펴볼 필요가 있습니다. 우리나라에서는 다음 일곱 가지를 주요 경제 지표로 사용합니다.

재고 순환 지표

재고 순환 지표는 출하 증가율과 재고 증가율로 산출합니다. 간단히 말해 기업의 매출 증가 속도가, 팔지 못하고 쌓이는 재고 증가 속도보다 얼마나 빠른지 계산하는 것이죠. 이 수치가 크면 남는 상품 없이 잘 팔리고 있다는 뜻이고, 수치가 작으면 팔리는 상품보다 재고가 빠르게 늘고 있다는 뜻입니다.

경제 심리 지수

기업과 가계 등 경제 주체들이 경제를 낙관적으로 보는지 혹은 비관적으로 보는지를 측정한 것입니다. 어찌 보면 경제는 결국 심리의 반영입니다. 투자자와 소비자들이 미래 경제를 비관하고 투자나 소비를 줄이면 결국 불황으로 꺾일 수밖에 없기 때문입니다.

기계류 내수 출하 지수

기계류의 국내 판매가 늘어나는지 줄어드는지를 보는 것입니다. 기업들이 경기를 낙관적으로 본다면 생산과 투자를 늘릴 테고, 그러면 기계류 판매가 늘어나겠죠. 반대로 비관적으로 본다면 투자를 줄이거나 생산 규모를 줄이게 되어 기계류 판매가 줄어들게 됩니다.

건설 수주액

건설 회사가 주문을 받고 계약한 금액을 말합니다. 건설 회사는 짧으면 1년, 길면 10년 동안의 건설 주문을 받게 됩니다. 게다가 건설업은 아주 많은 사람을 고용하는 분야입니다. 따라서 건설 회사의 주문 수주액이 많다는 것은 앞으로 꽤 오랫동안 고용이 늘어나면서 경제에 활기가 돌 것으로 해석할 수 있습니다.

수출입 물가 비율

수출 물가와 수입 물가의 차이를 나타낸 것입니다. 수출로 버는 돈이 수입으로 나가는 돈보다 많으면 수치가 크게 나타납니다. 수출로 버는 돈이 많다면 국내에 유입되는 돈이 많다는 뜻이니 호황일 가능성이 높겠죠. 따라서 이 수치의 변화를 보면 앞으로의 경기를 전망할 수 있습니다.

코스피 지수

우리나라 증권 거래소에서 거래되는 주식 가격의 평균을 나타낸 것입니다. 앞에서 살펴본 것처럼 주식 가격은 기업의 현재 가치보다 미래 가치를 반영합니다. 따라서 투자자들이 우리나라 경제의 미래를 낙관적으로 보면 코스피 지수가 올라가고 비관적으로 보면 떨어지게 됩니다.

장단기 금리차

장기 채권의 이자와 단기 채권의 이자 차이를 말합니다. 보통은 10년 상환 채권 금리와 2년 상환 채권 금리를 비교하죠. 상식적으로 생각해도 10년 뒤에 갚을 채권의 금리가 높은 게 정상입니다. 하지만 그 반대의 경우가 발생하기도 하는데, 그럴 때 어김없이 2년 이내에 경기 침체가 찾아오곤 합니다.

기준 금리라는 신호등

1930년대 세계 대공황 이후 자본주의 사회는 경기 순환의 폭을 완만하게 만들거나, 불황에 미리 대비하는 방법을 꾸준히 개발해 왔습니다. 그렇다고 불황과 호황을 반복하는 경기 순환이 없을 수는 없습니다. 하지만 경기 지표를 늘 지켜보면서 불황이 예측되면 미리 경기에 활력을 불어넣을 조치를 취하고, 경기가 불타오르면 과열되는 것을 막거나 혹은 급격히 떨어지는 것을 막아 침체의 충격을 줄일 방안을 마련합니다. 이때 가장 많이 사용되는 방법이 중앙은행(우리나라의 한국은행)의 **기준 금리**입니다.

예를 들어 경기가 침체기로 접어들면 중앙은행은 기준 금리를 낮춥니다. 그러면 시중에 자금이 많이 풀리면서 경기에 활력을 보태게 되지요. 기준 금리를 낮추면 은행 이자가 낮아져서 투자자들이 다른 자산에 투자하려는 움직임을 보이기 때문입니다. 반대로 경기가 과열되어 물가 상승이 우려되면 기준 금리를 높여 시중의 자금을 흡수합니다. 따라서 경기의 흐름을 파악하기 위해서는 중앙은행이 발표하는 기준 금리를 늘 관심을 가지고 살펴보아야 합니다.

중앙은행은 기준 금리를 발표하면서 이번 달에는 기준 금리를 얼마나 인상 혹은 인하, 동결했는지 밝히고 또 앞으로 어떻게 할 방침인지를 공개합니다. 중앙은행이 앞으로 계속 금리를 낮추겠다고 발표하면 이는 경기가 침체기에 들어섰다는 뜻입니다. 역설적으로 들리겠지만 이럴 때 투자자는 조금 위험성이 큰 고수익 자산에 투자할 필요가 있습니다. 비록 지금은 침체기지만 중앙은행이 적극적으로 경기를 활성화하겠다는 뜻을 밝힌 것이니까요. 반대로 금리를 계속 올리겠다고 발표하면 물가 상승이 우려된다는 뜻입니다. 이럴 때 투자자는 위험 자산의 비중을 줄여야 합니다.

달러는 어디서 와서 어디로 가는가?

경제가 큰 바다라면 그 바다를 채운 물은 무엇일까요? 바로 달러, 정확히 말하면 미국 **달러**(USD)입니다. 표면적으로 미국은 세계 총생산의 24% 정도를 차지하고 있어서 16%를 차지하고 있는 중국이나 유럽 연합보다 1.4배 정도 큰 경제 규모를 자랑합니다. 하지만 실제로 미국 경제가 세계 경제에 미치는 영향력은 24% 수준을 뛰어넘는다고 볼 수 있습니다.

어찌 보면 온 세계가 미국 경제의 영향을 받는다고 해도 과언이 아닙니다. 가령, 미국 경기가 호황이라고 해서 전 세계가 호황이라고 할 순 없지만 미국이 불황에 빠지면 세계 경제가 흔들리고 위축되는 것은 사실입니다. 왜냐하면 우리가 살고 있는 세계 경제라는 바다를 채우고 있는 것은 미국이 발행하는 달러이기 때문입니다.

달러가 세계 경제라는 바다를 좌지우지하는 까닭은 달러가 바로 **기축 통화**Key Currency이기 때문입니다. 기축 통화는 국제 거래, 특히 국제 금융 거래에서 주로 사용되는 돈을 말합니다. 그렇다고 해서 미국 달러를 기축 통화로 한다거나, 국제 금융 거래에서는 미국 달러를 사용하기로 한다는 국제법 따위는 없습니다. 원칙적으로 어느 나라 통화를 사용하든 그건 거래 당사자 간의 자유입니다. 하지만 거래에서는 가치가 안정적인 통화를 선호하기 마련이고, 그 결과 자연스럽게 국제 거래에서 달러가 기축 통화가 되었습니다.

가령 우리나라가 사우디아라비아에서 석유를 사 오면서 원화로 지급하면 안 된다는 법은 없습니다. 하지만 사우디아라비아가 원화가 아니라 달러를 받겠다고 하면 어쩔 도리 없이 원화를 미국 달러로 바꾸어 지불해야겠지요. 이런 식으로 세계의 여러 국가와 기업이 국제 거래에서 가능하면 비교적 안전한 미국 달러를 선호하다 보니 미국 달러가 기축 통화가 된 것이죠.

물론 국제 거래에서 널리 사용되는 화폐가 미국 달러만은 아닙니다. 2022년 1월 기준으로 국제 거래의 40%가 미국 달러로 이루어졌고, 그와 비슷한 비율로 유럽 연합의 화폐인 **유로**(EUR)가 사용되었습니다. 하지만 유로의 경우 대부분 유럽 연합 내부 거래에 사용된 것입니다. 또 거래 건수가 아니라 거래액을 기준

주요 통화별 거래 비중

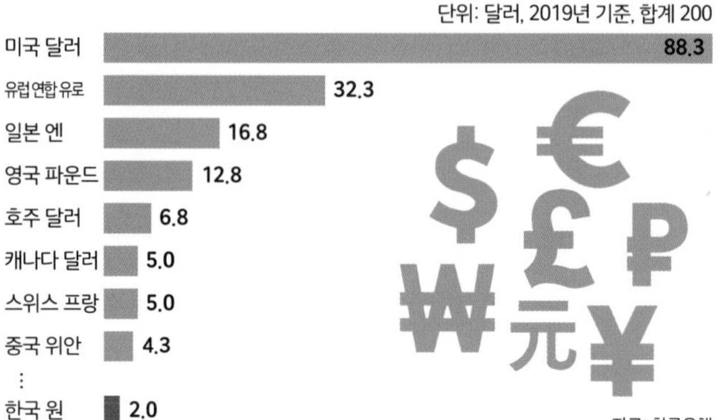

자료: 한국은행

으로 하면 총 거래 금액의 무려 80% 이상이 달러입니다. 조금 과장해서 말하면 달러는 미국 돈이 아니라 지구 돈이라고도 할 수 있지요.

따라서 세계 경제를 호황으로 이끌지 불황으로 끌고 갈지가 미국 손에 달려 있다고 해도 과언이 아니죠. 미국이 달러를 풀면 호황, 달러를 거둬들이면 불황이 찾아올 수 있습니다. 문제는 달러가 지구 화폐가 아니라 미국 화폐라는 사실입니다. 따라서 미국은 달러를 풀거나 거둬들이는 일을 세계 경제를 위해서가 아니라 미국 경제를 위해서 실행합니다. 세계 경제가 곤두박질치고 있어도 미국 경제의 당면 과제가 물가 안정이라면 미국은 달러를 거둬들일 것입니다. 마찬가지로 세계 경제가 물가 때문에 골머리를 앓더라도 미국 경제가 침체기라면 달러를 쏟아 내겠지요. 따라서 투자자 개인이 자산 관리를 잘하려면 미국의 경제 상황과 달러 정책에 관심을 가져야 합니다. 비록 애플, 테슬라 같은 미국 기업의 주식이 없더라도, 국내 자산에만 투자하는 투자자라고 해도 미국 경제를 주의 깊게 살펴볼 필요가 있습니다.

중국의 위안은 달러를 대신하는 기축 통화가 될 수 있을까?

앞에서도 말했듯이 미국은 세계 시장의 기축 통화인 달러를 발행하는 나라입니다. 우리는 기축 통화인 달러를 벌기 위해 부지런히 수출하지만, 미국은 달러가 필요할 때마다 찍어 낼 수 있으니 쉽게 경제 대국이 되겠다는 생각도 듭니다. 또 한편으로는 이제 중국의 국력이 만만치 않으니 중국의 **위안**(CNY)이 기축 통화가 되지 않을까 궁금해지기도 하죠. 영원한 1등은 없는 법이니까요.

하지만 이는 현실과는 조금 다릅니다. 기축 통화는 아무 나라 돈이나 되는 것이 아니고, 또 기축 통화를 발행한다고 그 나라가 저절로 잘살게 되는 것도 아닙니다. 미국은 기축 통화국이라 잘 사는 것이 아니라 미국이 잘살기 때문에 달러가 기축 통화가 된 것이죠. 앞에서 언급했듯이 기축 통화로는 안정적인 화폐가 선호되기 때문입니다. 즉 기축 통화는 다음과 같은 조건을 갖추어야 합니다.

- ✦해당 통화를 발행하는 국가의 군사력과 외교적 영향력이 압도적인 우위에 있어야 합니다. 그래야 통화의 가치가 안정적으로 유지되기 때문입니다.
- ✦해당 통화의 발행국은 다양한 재화나 서비스를 생산하고 자유로운 경제 활동이 가능해야 합니다. 그래야 해당 통화로 할 수 있는 일이 많아지고, 그만큼 통화의 가치가 높아지기 때문입니다.
- ✦해당 통화는 가치가 안정적이고, 고도로 발달한 외환 시장과 금융 자본 시장을 갖고 있어야 하며, 국외 거래에 대한 규제도 없어야 합니다. 자유롭게 거래하기 어려운 나라의 통화는 국제 거래에서 활발하게 사용될 수 없겠지요.
- ✦해당 통화의 발행국은 상당한 규모의 무역 적자를 감수할 수 있는 규모여야 합니다. 바로 여기에 함정이 있습니다. 한 나라의 돈이 기축 통화로 쓰인다는 것은 그 나라의 돈이 전

2000년대 중반 중국의
영향력이 커지면서 소위
G2 국가로 불리는 미국과
중국의 화폐에 대한 관심이 높아졌다.
세계 시장의 주요 화폐인
기축 통화의 변화는 세계 경제 흐름에
큰 영향을 미치기 때문이다.

세계 국제 거래를 감당할 만큼 나라 밖으로 흘러 나가야 한다는 뜻입니다. 만약 미국이 계속해서 무역 흑자를 기록한다면 어떻게 될까요? 전 세계의 달러가 미국으로 빨려 들어가겠지요? 세계 경제라는 바다를 채운 달러가 미국이라는 한 나라의 저수지에 갇히면 배는 뜰 수 없을 것입니다.

중국은 위 네 가지 중 어느 하나에도 해당하지 않습니다. 특히 자유로운 금융 거래가 이루어지지 않는 나라이며, 일정 기간 동안에 상품의 수출입 거래로 생기는 국제 수지인 무역 수지 적자를 감수할 생각도 능력도 없습니다. 현재 지구상에 미국 말고는 위 조건을 만족시킬 수 있는 나라가 없다는 것이 사실입니다.

달러의 안정화를 관리하는 연방 준비 제도

그렇다면 미국은 달러라는 기축 통화를 발행하며 얻는 이익이 무엇일까요? 간단히 말하면 미국이 누리는 것은 경제적 이익이 아닙니다. 오히려 미국 입장에서는 엄청난 적자를 감수해야 하지요. 하지만 기축 통화 발행국의 지위는 정치적으로 상당한 위력을 가지고 있습니다. 조금 과격하게 말하면, 기축 통화국인 미국의 마음에 안 드는 나라가 있으면 "야, 너희는 우리나라 돈 쓰지 마."라고 위협할 수도 있지요. 이렇게 되면 해당 나라의 국제 거래를 사실상 마비시킬 수도 있습니다.

그래서 미국은 달러의 가치를 안정시키기 위해 상당히 큰 노력을 들이고 있습니다. 이런 역할을 담당하는 곳이 미국의 중앙은행에 해당하는 연방 준비은행입니다. 그리고 **연방 준비 제도**, 보통 '연준'이라고 부르는 기관이 독립 기관으로서 이를 통솔하고 있지요. 연준은 우리나라로 치면 한국은행에 해당합니다. 다만 미국이 워낙 거대한 나라이다 보니 전국을 12개 경제구로 나누어 12개의 연방 준비은행을 설치하고 이를 총괄하는 최고 의결 기구인 **연방 준비 제도 이사회**(FRB, Federal Reserve Board)를 두고 있습니다.

그런데 미국의 연방 준비 제도는 민간과 정부 어느 한쪽이 주도하지 못하도록 구성되어 있습니다. 우선 12개의 연방 준비은행은 정부 소속이 아니라 민간 은행입니다. 그런데 최고 의결 기구인 연방 준비 제도 이사회의 이사와 의장, 부의장은 대통령이 상원의 인준을 받아 임명합니다. 하지만 일단 임명하고 나면 이사회는 정부의 지시도 명령도 따르지 않는 독립 기구로 존재합니다. 미국의 철저한 권력 분립 원칙이 느껴집니다.

미국의 달러가 시장에 풀릴지 아니면 금고로 빨려 들어갈지 결정하는 곳이 바로 연방 준비 제도 이사회입니다. 달러를 시장에 풀겠다고 결정하면 중앙은행이 국채를 매입하는 방법 등으로 시장에 통화의 유동성을 높이는 정책을 펼치는데 이를 **양적 완화**라고 합니다. 반대로 금리 인상만으로는 시장에 긴축 효과가 더딜 때 중앙은행이 국채를 매각하는 방법 등으로 통화의 유동성을 줄이는 정책을 **양적 긴축**이라고 합니다.

연방 준비 제도 이사회가 연준의 정책을 결정하는 곳이라면, 그 결정에 이르는 토론과 실무가 이루어지는 곳은 **연방 공개 시장 위원회**Federal Open Market Committee입니다. 줄여서 **FOMC**라고 하지요. 여러분이 만약 경제 기사를 꼼꼼히 살펴봤다면 기사에서 상당히 자주 봤던 약자일 것입니다.

이 회의에서는 미국의 현재 경제 상황을 진단하고, 미국 경제의 과제와 이에 따른 경제 정책의 주요 방향을 논의합니다. 최고 의결 기구는 아니지만 여기서 논의한 결과가 연방 준비 제도 이사회에 반영되고, 무엇보다 이 회의의 회의록은 투명한 금융 시장을 위해 완전히 공개하게 되어 있습니다. 따라서 FOMC의 회의 내용에 따라 미국 달러의 환율과 이자율이 출렁이기도 하고 결과적으로 세계 경제도 여기에 영향을 받게 됩니다. FOMC의 회의는 상당히 치열하고 팽팽하게 진행되는데, 위원들 중에는 양적 완화를 선호하는 소위 '비둘기파'와 긴축을 선호하는 '매파'가 섞여 있기 때문입니다.

아무리 세계 경제가 호황이라도 FOMC에서 긴축을 선호하는 매파가 우세했다는 보도가 나오면 이에 영향을 받고 전 세계 주가가 내려가기도 합니다. 반대로 양적 완화를 선호하는 비둘기파가 우세했다는 보도가 나오면 주식 시장 등 경기가 활기를 띠기도 하지요. 그러니 FOMC가 열린다는 뉴스가 나오면 그 회의 결과가 어떻게 되었는지 꼭 확인하도록 합시다. 남의 나라 일이 아니라 우리나라는 물론 전 세계 경제를 전망하는 데 중요한 지표이기 때문입니다.

글로벌라이제이션과 리쇼어링

기축 통화로서 달러의 힘이 강해진 배경에는 흔히 '세계화'라고도 부르는 **글로벌라이제이션**globalization이 있습니다. 글로벌라이제이션은 정치·경제·문화 등 여러 분야에서 세계 각 국가들이 단일화하는 현상을 말합니다. 세계 경제에 있어서 여러 나라가 각자 나름의 역할을 담당하는 분업 체계를 이루는 것이죠. 하나의 상품이 기획, 연구, 개발, 제조, 유통, 판매되는 과정에서 각

기술력과 생산을 분리하여 사실상
지구 전체가 하나의 경제권처럼
엮이는 '글로벌라이제이션' 현상과,
제조나 서비스가 다시 기술력을
지닌 선진국으로 돌아오는
'리쇼어링' 현상을 살펴보는 것이
세계 경제 흐름을 파악하는 데
중요하다.

분야를 세계 여러 나라가 나누어 맡기 때문에 사실상 지구 전체가 하나의 경제권처럼 엮이게 됩니다. 그래서 세계화라는 말보다는 지구화 또는 글로벌라이제이션이 더 적당한 표현으로 보입니다.

가령 세계 시장에서 우리나라가 주도하고 있는 반도체 산업만 보아도 어느 한 나라가 혼자 끌고 갈 수 없을 정도로 여러 나라가 연결되어 있습니다. 반도체 기업은 우리나라와 대만이 주를 이루지만, 공장은 중국, 베트남, 인도 노동자들을 고용해 생산하고, 설계는 주로 미국, 대만, 영국 회사들이 담당하고 있습니다. 또 생산에 필요한 기계와 소재는 미국, 일본, 유럽이 만들지요. 이렇게 세계 여러 나라가 반도체 생산에 서로 엮여 있는데 이렇게 하나의 생산 분야에 여러 나라가 연결되어 있는 것을 **가치 사슬**value chain이라고 합니다.

글로벌라이제이션의 가장 기본적인 구조는 설계, 개발, 마케팅 같은 고부가가치 영역은 선진국에서 담당하고, 원료 생산이나 단순 조립과 같은 저부가가치 영역은 임금이 싼 개발 도상국이 담당하는 식입니다. 이처럼 세계의 여러 나라가 하나의 경제권으로 연결되었을 때 저마다 수십 개의 화폐를 사용하면 곤란합니다. 따라서 기축 통화로서 달러의 중요성이 커졌고 달러의 수요도 늘어났습니다.

글로벌라이제이션이 활발하게 이루어지면 엄청난 달러가 전 세계에 퍼지게 됩니다. 개발 도상국 노동자들에게 지급되는 임금과, 선진국이 개발 도상국에서 수입하는 원자재를 결제하는 돈이 모두 달러이기 때문이죠. 또 세계에 달러가 넘쳐나면 당연히 그 달러와 환전할 각국의 화폐, 가령 우리나라의 원화 같은 화폐도 늘어날 수밖에 없습니다. 경제는 활기를 띠게 되고 상대적으로 물가도 오르게 되지요.

하지만 2020년 이후 선진국들이 개발 도상국으로 내보냈던 공장이나 서비스 센터를 다시 자국으로 불러들이는 현상이 나타나고 있습니다. 이것을 **리쇼어링**reshoring이라고 합니다. 이유는 개발 도상국의 임금이 점점 오르기 때문인데, 또 개발 도상국의 기술 수준도 전보다 높아져서 선진국이 담당하던 고부가가치 영역을 넘보기 때문입니다. 선진국들의 리쇼어링이 점점 강화되면 세계 여러 나라에 흩어져 있던 기업이나 공장이 점차 미국이나 영국 등 선진국으로 돌아가게 됩니다. 당연하게도 세계 경제라는 바다에 흐르던 달러도 선진국의 내수 경제로 돌아가게 되지요. 그러면 전 세계적으로 달러가 줄어들고, 환율이 올라가게 됩니다.

따라서 현재 진행되고 있는 세계 경제 상황이 글로벌라이제이션인지, 리쇼어링인지 눈여겨봐야 합니다. 이 두 현상은 어느 한쪽으로 영원히 지속되지 않습니다. 둘 중 한쪽으로 어느 정도 진행되면 반드시 반대 방향으로 바뀌기 마련입니다. 이 전환이 일어나는 시기가 투자로 이익을 볼 수도 손해를 볼 수도 있는 중요한 시기라고 볼 수 있습니다.

10 돈 X 잘 사는 부자

잘사는 것만이
잘 사는 방법일까?

잘사는 게 잘 사는 걸까?

우리 삶에서 희소하고 중요한 자원은 뭘까?

시간 부자, 마음 부자도 부자일까?

결국 행복한 삶을 위해 우리가 알아야 할 것은 무엇일까?

#잘살다 #잘_살다 #시테크 #시간_자산 #건강_자산
#희소성 #행복의_조건

시간 부자가 되기 위한 '시테크'

지금까지 우리는 돈에 대해, 돈을 벌고 불리는 방법에 대해 알아보았습니다. 돈을 모으고 자산을 키우는 일은 무척 어렵습니다. 열심히 노력한다고 해서 성공이 보장되는 것도 아니고, 심지어 국내 경제뿐만 아니라 세계 경제가 흘러가는 방향까지 읽어야 합니다. 정말 이렇게까지 해야 하는 걸까요?

여기서 잠시 이 책의 처음 주제로 돌아가 봅시다. 왜 이렇게 힘들게 돈을 벌어야 할까요? 결국 '잘 살기' 위해서입니다. 잘 살면 됩니다. 잘 살려면 어느 정도의 돈이 필요하니 자산 관리에 신경을 쓰자는 것이죠. 하지만 잘 사는 데 필요한 것이 꼭 돈만은 아닙니다. 돈이 좀 없어도 다른 것이 부자라면 그 역시 잘 사는 삶이 아닐까요?

먼저 생각해 보아야 할 것은 '시간'입니다. 디즈니 애니메이션 〈소울〉에는 죽어서 영혼이 되어서도 계속 시간에 쫓기는 펀드 매니저가 등장합니다. 직업으로 유추했을 때, 아마도 엄청나게 많은 돈을 벌었을 테지요. 하지만 일과 숫자에 매몰되었던 그들은 영혼의 세계에서 괴물로 표현됩니다. 이렇게 조금의 여유도 없이 숫자와 씨름하며 살아야 한다면 아무리 돈이 많아도 과연 잘 살았다고 할 수 있을까요?

돈은 조금 덜 벌더라도 여유 있게 자기 시간을 쓸 수 있다면 훨씬 만족스러운 삶을 살 수 있을 것입니다. 그런데 이게 생각처럼 쉽지 않습니다. 시간 역시 희소한 자원이기 때문이죠. 어쩌면 시간이야말로 가장 희소한 자원일 수 있습니다. 누구에게나 같은 시간이 주어지지만, 누구나 시간이 부족하고 빠듯합니다. 애초에 우리는 한정된 시간 동안만 지구에서 살아가는 유한한 존재입니다. 돈을 벌기 어렵다면 시간을 합리적으로 잘 관리해서 시간 부자가 되어 봅시다. 부자가 별건가요? 희소한 자원을 더 많이 가진 사람이 부자입니다.

그래서 재테크와 마찬가지 의미로 **시테크**라는 말도 있습니다. 즉 시간을 관리하는 기술을 뜻하는데, 시테크라고 해서 특별한 기술이 있는 것은 아닙니다. 같은 일을 하더라도 합리적으로 계획해서 시간을 낭비하지 않고 덜 쓰기 위해 노력하는 기술입니다. 그 시작은 정리 정돈입니다. 자기 물건도, 파일도, 공부 계획이나 하루 일정도 미리미리 정리해 두고 계획적으로 생활한다면 남들보다 짧은 시간에 필요한 일을 마칠 수 있습니다. 그리고 남은 시간은 나에게 의미 있는 일을 하거나 나를 즐겁게 하는 취미에 투자하는 것이죠.

건강 부자, 마음 부자

우리가 가진 자산 중 시간만큼 중요하고 희소한 자원이 또 있습니다. 바로 건강입니다. 잃어버린 돈은 열심히 일해서, 투자에 성공해서 보충할 수 있습니다. 하지만 일단 건강이라는 자산을 잃으면 다시 회복하기 어렵습니다. 때로는 회복이 불가능하기도 하지요. 건강에는 몸뿐 아니라 마음 건강도 포함됩니다. 희소한 자원을 남들보다 많이 가진 사람이 부자라면 몸과 마음이 건강한 사람이야말로 진정한 부자라고 할 수 있습니다.

10대인 여러분에게는 절실하게 와닿지 않을지도 모릅니다. 전체 인생에서 청소년기는 대개 가장 건강하고 활기가 넘치는 잘 산다는 것은 결국 행복하게 사는 것이다.
돈, 시간, 몸과 마음의 건강이 골고루 충족될 때
우리는 잘 살고 행복할 수 있다.

시기니까요. 따라서 건강이 희소한 자원이 아니라고 생각할 수 있습니다. 하지만 50대 이후부터 건강은 점점 희소한 자원이 됩니다. 우리가 앞에서 살펴본 것처럼 경제 활동이 왕성한 시기에 자산을 잘 모아서 관리해야 안정적인 노년기를 대비할 수 있는 것처럼, 건강한 몸과 마음 역시 미리 잘 관리해 두어야 안정적인 노년을 보낼 수 있습니다. 즉 젊을 때 몸과 마음을 건강하게 유지하는 활동에 돈과 시간을 쓰는 일은 일종의 투자라고 할 수 있습니다.

몸과 마음은 쓰지 않고 아끼면 보존되는 것이 아니라 점점 굳어서 망가집니다. 그렇다고 무리하게 많이 사용하면 다른 의미로 망가지겠지요. 적절한 신체 운동과 취미, 행복한 인간관계를 통해 몸과 마음에 긍정적인 활동을 꾸준히 하는 것이야말로 진짜 부자가 되는 길입니다.

잘 사는 삶을 위하여

우리는 어떤 사람이 돈이 많다고 해서 잘 산다고 말하지 않습니다. 잘 산다는 것은 만족의 합이 크다는 뜻이니까요. 물론 돈이 많고 생활이 여유로우면 만족의 합이 클 가능성이 높습니다.

하지만 어디까지나 하나의 조건 충족일 뿐, 돈만으로 만족의 합을 키울 수는 없습니다. 돈, 시간, 몸과 마음의 건강이 모두 소중합니다.

그런데 만족의 합이 아무리 크더라도 현 상태를 그대로 유지한다면 점차 만족감이 줄어듭니다. 우리 인간은 만족 그 자체보다 만족이 커지는 상태를 더 좋아하기 때문이죠. 만족의 합이 아무리 높아도 그 상태가 오래 유지되거나 혹은 조금이라도 줄어든다면 우리는 상실감에 불행을 느끼게 됩니다. 예를 들어, 사회과목을 85점 맞는 학생이 매번 85점만 맞는다고 생각해 봅시다. 분명 높은 점수지만 조금이라도 점수가 오르지 않고 유지만 한다면 만족도는 줄어들 테지요. 반면 60점을 맞던 학생이 조금씩 점수를 올려서 75점이 됐다면, 이 학생이 느끼는 만족감은 85점만 맞는 학생보다 상대적으로 클지도 모릅니다. 점수를 조금씩 높이는 성취감이 우리를 행복하게 만들기 때문이지요.

잘 산다는 것은 결국 행복하게 사는 것입니다. 행복은 만족이 계속 늘어날 때 커집니다. 따라서 큰 성취 한 번으로 성공한 사람보다 날마다 작은 성취를 이루는 사람이 더 행복할 수 있고 잘 살 수 있습니다. 작은 성취 거리가 많은 사람은 어쩌다 닥치는 불행이나 상실감을 이겨 내는 힘도 셉니다. 성취할 일의 종류가 다양한 사람, 삶의 어떤 시기에서라도 성취할 거리를 찾을 수 있는 사람은 결국 행복하게 살 수밖에 없습니다. 반면 관심사나 성취 대상, 만족을 주는 요소가 단조롭고 스스로 행복의 조건을 찾지 않는 사람은 결국 작은 난관이 닥치면 상실감을 이기지 못하고 쉽게 불행을 느낄 수 있습니다.

돈이 많은 것, 즉 '잘사는' 것은 '잘 사는' 데 매우 중요한 조건이지만 동시에 우리를 불행하게 만드는 원인이 될 수도 있습니다. 열심히 일하고 자산 관리도 꼼꼼하게 해서 잘살게 되는 것도 중요하지만, 그 돈을 잘 써서 인생을 크고 작은 성취로 수놓아 알차고 행복하게 잘 사는 것이 더욱 중요합니다. 이 책을 읽은 여러분들이 모두 잘살고 잘 살기를 진심으로 바라고 응원합니다.

나가며

지금까지 돈을 버는 방법, 돈을 지키는 방법, 돈을 늘리는 방법을 살펴보았습니다. 하지만 가장 중요한 것은 역시 '돈으로 무엇을 할 것인가?'라는 질문을 깨닫고 스스로 생각하는 것입니다. 인생의 목적은 행복이고, 행복은 무엇을 가졌느냐가 아니라 무엇을 하느냐에 따라 행복의 크기와 만족의 합이 정해지니까요.

돈은 너무 없어도 불행하고 너무 많아도 불행합니다. 돈이 너무 없으면 할 수 있는 선택지 자체가 확 줄어드니 행복하기 어렵습니다. 하지만 돈이 아무리 많아도 할 수 있는 것, 하고 싶은 것이 없거나 적으면 혹은 단기적인 쾌락만 추구하는 삶을 산다면 그 또한 불행의 원인이 될 수 있습니다.

우리는 돈이 너무 없어 고통받다 극단적인 선택을 하는 사람들의 뉴스를 자주 봅니다. 하지만 돈이 많은 사람들이 술과 마약에 빠지거나 도박 때문에 극단적인 선택을 했다는 뉴스도 그 못지않게 자주 접합니다.

행복은 결국 어느 정도의 돈, 그리고 그 돈으로 얻거나 할 수 있는 가치들의 함수입니다. 너무 간단하다고 생각할 수 있지만 사실은 풀이가 쉽지 않은 행복의 공식입니다. 이 책에서는 행복의 여러 조건 중 어느 정도의 돈, 즉 경제적 여유를 마련하기 위한 돈과 경제, 금융의 이야기를 살펴보았습니다. 돈으로 할 수 있는 가치에 대한 내용은 경제가 아니라 윤리의 문제니까요.

하지만 적어도 경제란 지나친 탐욕에 빠지지 않으면서도 행복한 삶에 필요한 적정량의 돈을 벌 수 있는 합리적인 선택이라는 점을, 이 책을 통해 충분히 이해했으리라 생각합니다. 잘살고 잘 사는 것의 공통점과 차이점에 대해서도 각자 나름의 생각을 정리해 볼 수 있었을 테고요. 기회가 된다면 다음에는 가치 있는 것들에 관하여, 윤리에 대한 이야기를 여러분과 함께 나눌 수 있기를 바랍니다.

같이 보면 좋은 책

『거짓말로 배우는 10대들의 경제학』 권재원 지음, 다른, 2013

『펠릭스는 돈을 사랑해』 니콜라우스 피퍼 지음, 비룡소, 2023

『청소년을 위한 경제의 역사』 니콜라우스 피퍼 지음, 비룡소, 2024

『청소년을 위한 세계경제원론 01 : 경제학 입문』 바바라 고트프리트 홀랜더 지음, 내인생의책, 2011

『청소년을 위한 세계경제원론 02 : 금융 시장』 애론 힐리 지음, 내인생의책, 2011

『청소년을 위한 세계경제원론 03 : 경제 주기』 바바라 고트프리트 홀랜더 지음, 내인생의책, 2012

『청소년을 위한 세계경제원론 04 : 세계화의 두 얼굴』 데이비드 앤드류스 지음, 내인생의책, 2012

같이 보면 좋은 영화

〈돈〉 박누리 감독, 2019

〈보일러 룸〉 벤 영거 감독, 2000

〈소울〉 피트 닥터 감독, 2020

〈다음 소희〉 정주리 감독, 2023

〈마진 콜: 24시간, 조작된 진실〉 J.C. 챈더 감독, 2011

〈잡스〉 조슈아 마이클 스턴 감독, 2013

〈국가 부도의 날〉 최국희 감독, 2018

〈인사이드 잡〉 찰스 퍼거슨, 2010

이미지 출처

25쪽 Unsplash의 Dawid Olejniczak

32쪽 Unsplash의 Jon Tyson

38쪽 <a href="https://kr.freepik.com/free-photo/unboxing_4457867.htm">Freepik </a>, Unsplash의 Mahabis, Unsplash의 no-revisions

47쪽 Shutterstock

50쪽 Unsplash의 Marie Rouilly

66쪽 Stockphoto, Unsplash의 Jacek Dylag

69쪽 Unsplash의 Liam Burnett-Blue

80쪽 Unsplash의 DylanLu Unsplash

104쪽 Wikimedia Commons, 리틀빅픽쳐스

120쪽 Unsplash의 KIBOCK DO

127쪽 Midjourney

135쪽 Unsplash의 Fallon Michael

138쪽 Shutterstock

149쪽 Unsplash의 Kiwihug

159쪽 Unsplash의 Austin Distel

167쪽 Unsplash의 Zhang Kaiyv

197쪽 Shutterstock

202쪽 Unsplash의 Kelly Sikkema

212쪽 Unsplash의 Yuyang Liu

열다섯에 배워 평생 써먹는
단단한 돈 공부

초판 1쇄 펴낸날 2024년 7월 7일

지은이 | 권재원
펴낸이 | 홍지연

편집 | 홍소연 이태화 김선아 김영은 차소영 서경민
디자인 | 이정화 박태연 박해연 정든해
마케팅 | 강점원 최은 신종연 김가영 김동휘
경영지원 | 정상희 여주현

펴낸곳 | 도서출판 우리학교
등록 | 제313-2009-26호(2009년 1월 5일)
주소 | 03992 서울시 마포구 동교로23길 32 2층
전화 | 02-6012-6094
팩스 | 02-6012-6092
이메일 | woorischool@naver.com

ISBN 979-11-6755-268-6

만든 사람들
편집 | 이태화
디자인 | 캠프커뮤니케이션즈